Über dieses Buch In den letzten Jahren haben sich in Reproduktionsmedizin, Biologie und Genetik sehr schnelle Entwicklungen vollzogen. In ihrer Kombination eröffnen diese Technologien ganz neue Formen des Eingriffs in die Substanz menschlichen Lebens. Genau deshalb sind sie auch zum Gegenstand zahlreicher Diskussionen in Wissenschaft, Politik und Öffentlichkeit geworden: Die Erzeugung des Menschen wird machbar, planbar, entscheidungsabhängig.

Aus dem Blickwinkel der naturwissenschaftlichen Forschung werden diese Entwicklungen nach ihren biologischen bzw. medizinischen Resultaten beurteilt. Das dramatisch Neue der Reproduktions- und Gentechnologien ist aber – und das eben macht einen wesentlichen Teil ihrer Faszination, ihrer Verheißungen wie Bedrohungen aus –, daß ihnen Folgen anhaften, die im gesellschaftlichen, sozialen und psychischen Bereich einen tiefgreifenden Wandel in Gang setzen. Das Buch macht anschaulich sichtbar, welche enorme soziale Dynamik hier angelegt ist. Wie greifen die neuen Technologien ein in das Leben von Frauen und Männern, in ihre Hoffnungen und Pläne, in Sexualität und Partnerbeziehung? Wie verändern sie die Erwartungen, die an Eltern gestellt werden, und ebenso die Wünsche, die wir mit Kindern verbinden? Wie verändern sie die Maßstäbe, Ziele und Zwänge in jenem hochsensiblen Bereich, wo es um Gesundheit, Krankheit, Behinderung geht?

Die Autorin Elisabeth Beck-Gernsheim habilitierte sich 1987 in Soziologie. Zur Zeit Heisenberg-Stipendiatin am Institut für Psychologie der Universität München. Sie war Mitglied des Arbeitskreises »Genforschung« des Bundesministers für Forschung und Technologie und Sachverständige in der Anhörung des Rechtsausschusses des Deutschen Bundestags zum Embryonenschutzgesetz. – Zahlreiche Veröffentlichungen in Familien- und Frauenforschung, Berufs- und Bevölkerungsforschung. Im Fischer Taschenbuch Verlag erschienen ihre Bände »Das halbierte Leben. Männerwelt Beruf, Frauenwelt Familie«, 1980 (Bd. 3713); »Vom Geburtenrückgang zur Neuen Mütterlichkeit? Über private und politische Interessen am Kind«, 1984 (Bd. 3754); »Mutterwerden – der Sprung in ein anderes Leben«, 1989 (Bd. 4731).

Elisabeth Beck-Gernsheim

Technik, Markt und Moral

Über Reproduktionsmedizin und Gentechnologie

Fischer Taschenbuch Verlag

Lektorat: Ingeborg Mues

Originalausgabe
Veröffentlicht im Fischer Taschenbuch Verlag GmbH,
Frankfurt am Main, Juni 1991

© 1991 Fischer Taschenbuch Verlag GmbH, Frankfurt am Main
Umschlaggestaltung: Buchholz/Hinsch/Hensinger
Umschlagabbildung: Zefa/Stockmarket
Gesamtherstellung: Clausen & Bosse, Leck
Printed in Germany
ISBN 3-596-10636-2

Inhalt

I. **Zur Einleitung ein Interview** 11

II. **Ein sozialwissenschaftlicher Blick auf die Technik** 21
   1. Die Provokation 22
   2. Voraussetzungen und Hintergrundannahmen – eine praktische Auswahl 25
      Absichten sind anders als Folgen 26
      Normative Ziele und vielschichtige Motive 27
      Ist Technik Schicksal? 31

III. **Von der Pille zum Retortenbaby: Neue Handlungsmöglichkeiten, neue Handlungszwänge im Bereich der Fortpflanzung** 33
   1. Über Eigendynamik und Nebenfolgen 34
      Schleichende Durchsetzung oder: Revolution auf leisen Sohlen 35
      Unkontrollierte Durchsetzung oder: Medizin als Subpolitik 37
      Technologischer Kolonialismus oder: Die Verdrängung anderer Weltbilder und Werte .. 39
      Der Allgemeincharakter der Durchsetzung oder: Wir alle sind betroffen 41
      Durchsetzung unter Druck oder: Von der Verheißung zum Zwang? 44
   2. Die Pille: Von der Möglichkeit zur Pflicht der Verhütung? 46
   3. Neue Wege der Unfruchtbarkeitsbehandlung: Von der Hoffnung zur Last? 50

IV. Vom Kinderwunsch zum Wunschkind – im Supermarkt der Fortpflanzungstechnologien 56

1. Der kulturell vorgeschriebene Aufwand für Kinder . 57
   Die Entdeckung der Kindheit und der
   Kindererziehung 57
   Die Steigerung des Anspruchs:
   »Optimale Startchancen« fürs Kind 59
2. Die neue Elternpflicht: das perfekte Kind? 62
   Neue Fragen, neue Entscheidungen, neue
   Verantwortungslasten 63
   Das Szenarium der Durchsetzung: die Anfänge ... 64
   Eigendynamik oder:
   Das Karussell dreht sich weiter 68
   Die ideologische Wirkung 71
3. Eine unaufhaltsame Entwicklung? 73
   Die Unwirksamkeit der bisherigen Kontrollen ... 73
   Doch der Fortschrittskonsens wird brüchig 74
   Biotechnik statt Bildung? 76

V. Normalisierungspfade und Akzeptanzkonstruktionen 78

1. Abstraktheit des Blicks 79
2. Wissenschaftsfreiheit und die Tat der Gedanken .. 81
3. Legitimationsstrategien 82
   Sprachpolitik 91
   Der Preis der Spezialisierung 94
4. Gegenstrategien oder: Von der Machbarkeit der
   Sachzwänge 96

VI. Schöne neue Gesundheit – Humangenetik im Dilemma 101

1. Der Gesundheitstrend 101
2. Die Situation der Risikogruppen 102
   Die Ausweitung der Risikogruppen 104
3. Das Leben als Patientenkarriere 106
   Neue Problemlagen 106

Diagnose ohne Therapie:
Chorea Huntington als Beispiel 109
Ist Wissen besser als Nichtwissen? 112
4. Freiwilligkeit oder Zwang 114
Präventiver Zwang, präventive Mentalität 115
Vorsorge als Gebot der individualisierten
Gesellschaft 116
Wie non-direktiv ist die non-direktive Beratung? . . 118
5. Die Veränderung des Menschen- und Weltbildes . . 121
Auf dem Weg zum biologischen Reduktionismus? . 124
Die Utopie der leidensfreien Gesellschaft 125

Anmerkungen 127
Literaturverzeichnis 135

»Ich bin nicht nur überzeugt, daß das, was ich sage, falsch ist, sondern auch das, was man dagegen sagen wird. Trotzdem muß man anfangen, davon zu reden. Die Wahrheit liegt bei einem solchen Gegenstand nicht in der Mitte, sondern rundherum wie ein Sack, der mit jeder neuen Meinung, die man hineinstopft, seine Form ändert, aber immer fester wird.«

ROBERT MUSIL

I.
Zur Einleitung ein Interview

Frage: Frau Beck-Gernsheim, Sie sind Sozialwissenschaftlerin. Jetzt befassen Sie sich mit Reproduktionsmedizin und Gentechnologie. Was bringt Sie dazu, sich auf das Gebiet der Naturwissenschaften zu begeben? Gibt es da nicht ein altes Sprichwort: Schuster, bleib bei deinen Leisten...?
Antwort: Bleibe ich auch. Ich diskutiere ja nicht, wie hoch die Zuverlässigkeit bestimmter gentechnischer Verfahren ist, wo mögliche Fehlerursachen liegen, wie man die Zuverlässigkeit verbessern kann. Das sind Probleme, die die Naturwissenschaftler zu lösen haben. Ich frage statt dessen nach den *sozialen Folgen* solcher Tests. Also etwa: Was passiert mit den Menschen, die aufgrund eines genetischen Tests erfahren, daß sie Träger einer schweren Erbkrankheit sind? Wie gehen sie mit dieser Nachricht um, wie werden sie sie verkraften können, wie greift diese Information ein in ihr Selbstbild, ihre Zukunftsplanung, ihre Partnerbeziehung? Das eben sind Fragen, für die die medizinischen Daten keine Antwort anbieten. Hier kommen wir nur weiter, wenn wir bei der sozialwissenschaftlichen Gesundheitsforschung ansetzen – etwa bei soziologischen Untersuchungen, die die Rolle von Bezugsgruppen und Selbsthilfegruppen beim Umgang mit Krankheit thematisieren, oder bei psychologischen Theorien, die sich mit Lebenskrisen, Krisendynamik, Krisenbewältigung befassen.

Oder ein anderes Beispiel: Ich frage nicht, ob diese oder jene Form der Hormonstimulierung bessere Erfolgsaussichten für die In-vitro-Fertilisation bringt. Sondern ich frage: Was bedeutet es für die Frauen, wenn die In-vitro-Fertilisation mit einer Hormonstimulierung verbunden wird, die dauernde medizinische Kontrollen erforderlich macht, also tägliche Fahrten zur Klinik, mit den entsprechenden Wartezeiten dort? Wie können Frauen dies verbinden mit den Anforderungen ihres Berufsalltags, mit der Partnerschaft, mit sonstigen Lebensinteressen? Auch darüber finden wir in den medizinischen Angaben nichts. Und genau deshalb müssen wir andere, darüber hinausgehende Fragen stellen: die nach den sozialen Folgen und Nebenfolgen.

Frage: Wäre es dennoch nicht besser, wenn diejenigen, die sich mit solchen Fragen befassen, zugleich auch ein Studium der Naturwissenschaften aufweisen könnten?
Antwort: Sicher wäre das der Idealfall. Nur hätten wir dann ein anderes Problem. Wenn ich nämlich erst ein Studium der Medizin und der Molekularbiologie absolviere, was allein schon einige Jahre kostet – wann komme ich dann jemals dazu, nach den sozialen Folgen der Biotechnologien zu fragen? Wer kommt dann jemals so weit? Wie wir wissen, werden diese Technologien in rasantem Tempo entwickelt und weiterentwickelt, in vielen hochspezialisierten Labors und Forschungsinstitutionen, nicht nur in Deutschland, sondern weltweit. Und das bekannte Ergebnis ist, daß diese Entwicklungen und die entsprechenden Erfolgsmeldungen sich ständig selbst überholen. Da kommt niemand mehr mit, auch die Naturwissenschaftler nicht. Welcher Frauenarzt kann denn noch sagen, für welche Krankheiten es heute welche genetischen Testverfahren gibt und wie hoch deren jeweilige Aussagekraft ist? Oder welcher Humangenetiker weiß Bescheid über GIFT, ZIFT, oder wie die sonstigen Varianten der In-vitro-Fertilisation heißen? Und was die sozialen Folgen der neuen Technologien angeht: Darüber werde ich wahrscheinlich wenig bis gar nichts erfahren, auch wenn ich jahrelang alles studiere, was die Naturwissenschaften im Angebot haben.

Dennoch haben Sie natürlich recht: Ein Studium etwa der Medizin oder der Molekularbiologie wäre sicherlich hilfreich, wenn man sich in die Diskussion um die neuen Biotechnologien hineinbegibt. Zweifellos wäre ich dankbar, wenn mein Wissen über die naturwissenschaftlichen Zusammenhänge breiter wäre, wenn ich etwa über die Voraussetzungen bestimmter Verfahren besser Bescheid wüßte. Aber wie sieht es denn auf der anderen Seite aus, wenn die Pioniere der Reproduktions- und Gentechnologie einmal öffentlich Stellung nehmen zu den sozialen Konsequenzen dessen, was sie in Gang setzen? Bei manchen Aussagen kann ich nur seufzen: welche Naivität, welche Borniertheit! Da offenbart sich nicht nur Ignoranz, ganz schamlos und hüllenlos, sondern manchmal auch eine geradezu provokante Abwehrhaltung gegenüber allem, was Sozialwissenschaft heißt. Ich darf mal zurückfragen: Warum verlangt man von den Sozialwissenschaftlern, sie sollten gefälligst erst Naturwissenschaften studieren, bevor sie sich über die soziale Dynamik der Biotechnologien äußern? Wo bleibt der Aufschrei, wenn sich dazu Naturwissenschaftler zu Wort melden, die ungetrübt sind von jedem sozialwissenschaftlichen Wissen oder wenigstens Vorwissen?

Frage: Das sind recht deutliche Worte. Sieht so Ihre Erfahrung mit Naturwissenschaftlern aus? Haben Sie dort nur Desinteresse, Ignoranz, Inkompetenz gefunden, wenn die Frage nach den sozialen Folgen aufkam?
Antwort: Nein, das wäre ein völliges Mißverständnis. »Die« Naturwissenschaftler gibt es ja nicht. Statt dessen gibt es unterschiedliche Individuen und unterschiedliche Gruppen: ältere und jüngere; diejenigen, die in den Labors der Grundlagenforschung arbeiten, an sehr abstrakten und hochspezialisierten Fragen, und auf der anderen Seite diejenigen, die in ihrer Praxis tagtäglich die Patienten mit ihren drängenden Fragen und Wünschen erleben; diejenigen, die sich strikt am naturwissenschaftlichen Modell orientieren, und auf der anderen Seite diejenigen, die die psychosomatischen Zusammenhänge betonen. Und so unterschiedlich diese Gruppen sind, so unterschiedlich ist auch ihr Interesse und ihre Bereitschaft, über die sozialen Folgen der neuen Biotechnologien nachzudenken.

Deshalb bitte keine Konfliktlinie »hier Naturwissenschaftler, dort Sozialwissenschaftler«. So einfach ist die Welt wirklich nicht. Wo es um die Frage nach den sozialen Folgen der neuen Technologien geht, da herrscht unter den Naturwissenschaftlern keineswegs Einmütigkeit. Vielmehr werden diese Fragen sehr kontrovers beurteilt, von den einen gar nicht beachtet, von anderen sehr intensiv und sehr kritisch betrachtet.

Ich möchte noch hinzufügen: Vieles von dem, was ich auf diesem Gebiet weiß, verdanke ich Naturwissenschaftlern. Ich habe Naturwissenschaftler erlebt, die sehr viel engagierter waren, sehr viel mehr Kooperationsbereitschaft zeigten als meine Kollegen in den Sozialwissenschaften.

Frage: Sie wollen hier Reproduktionsmedizin und Gentechnologie diskutieren. Nun sind das aber, wie jeder informierte Laie weiß, zwei ganz verschiedene Bereiche. Warum also werfen Sie beides in einen Topf?

Antwort: Im Prinzip handelt es sich tatsächlich zunächst einmal um separate Bereiche. Darauf verweisen ja auch die entsprechenden Forscher recht gern. Da wehren sich dann die Genforscher dagegen, mit den »In-vitro-Fertilisierern« zusammengebracht zu werden, die so suspekte Dinge im Bereich der Fortpflanzung tun; während die Reproduktionsmediziner darauf verweisen, daß es ihnen nur um den schlichten Kinderwunsch geht, und sich vehement abgrenzen gegen alles, was zu Eugenik und Menschenzüchtung hinführen könnte.

Aber jeder ein bißchen besser informierte Laie weiß auch, daß sich die Forschungen auf diesen Gebieten gegenseitig bedingen. Keine hätte ihre großen Erfolge der letzten Jahre erzielen können, wären da nicht auch die großen Durchbrüche auf dem je anderen Gebiet gewesen. In der Praxis gibt es viele Berührungspunkte und Schnittstellen zwischen diesen Bereichen, und gerade aus ihrer Verbindung entsteht die soziale Brisanz. Um nur ein Beispiel zu nennen: Diejenigen, die ungewollt kinderlos sind, werden heute schnell in Verfahren hineingezogen, wo es nicht nur um irgendein Kind geht, sondern um ein möglichst »defektfreies«, genetisch geprüftes, genetisch sortiertes Kind.

Frage: Der Versuch, Unfruchtbarkeit zu heilen, Krankheiten zu beheben, Schmerzen zu mildern, ist so alt wie die Geschichte der Medizin. Warum dann heute diese erhitzte Debatte? Warum plötzlich soviel Aufmerksamkeit in Politik und Öffentlichkeit? Warum heute so viele kritische Fragen?

Antwort: Früher hat es sehr lang gedauert von der Entwicklung neuer Behandlungsmethoden und Heilverfahren bis zu deren breiter Anwendung. Heute dagegen geschieht diese Umsetzung im Zeitraffer-Verfahren. 1978 wurde Louise Brown geboren, das erste Retortenbaby der Welt. Ein Jahrzehnt später gab es schon mehrere tausend Kinder, die auf diese Weise gezeugt worden waren. Und ähnliche Beispiele könnte ich viele aufzählen. Kaum hat ein Forscher-Team, das auf dem Gebiet der Reproduktionsmedizin oder Genforschung arbeitet, wieder mal einen Durchbruch erzielt, da steht dies morgen weltweit in den Schlagzeilen, und übermorgen wird das Verfahren von Paris über Tokio bis Melbourne übernommen. Das schafft, allein vom atemberaubenden Tempo, eine völlig neue Situation. Eben deshalb fühlen sich auch viele Menschen bedroht. Weil dies Tempo kaum Zeit läßt, nach Nebenwirkungen zu fragen. Weil kaum Zeit bleibt zum Nachdenken, ob wir diese Schritte überhaupt mitmachen wollen, ob der technologische Fortschritt immer auch sozialen Fortschritt bedeutet.

Denn hier handelt es sich nicht um irgendwelche Eingriffe, sondern um Eingriffe, die an unsere fundamentalen Überzeugungen und Grundwerte rühren, an den Kern unseres Menschenbildes und Weltbildes. Ein gebrochenes Bein schienen, das ist offensichtlich etwas anderes, als das Geschlecht unserer Nachkommen vorgängig zu bestimmen oder Embryos auszusortieren, weil sie genetische Anomalien aufweisen. Soll Leben – um der Gesundheit oder vielleicht auch nur der Gesundheitsverheißungen willen – frei verfügbar werden? Soll es – für unsere Kinderwünsche, Wunschkinder, Wunschbilder – dem Zugriff der Technisierung, Industrialisierung, Kommerzialisierung immer weiter geöffnet werden? Das sind die Fragen, vor die uns der technologische Fortschritt unabweisbar stellt und die nicht nur in Politik und Öffentlichkeit diskutiert werden, sondern auch unter Naturwissenschaftlern, von Ärzten und Forschern, von Gynäkologen, Humangenetikern, Biologen.

Frage: Der kritische Ton solcher Fragen ist unüberhörbar. Heißt das, Sie sehen diese neuen Technologien vor allem als Fluch? Sollten wir sie alle so schnell wie möglich verbieten?
Antwort: Ich wollte, die Antwort wäre so einfach. Nein, diese Technologien sind nicht Fluch oder Segen, sondern beides zusam-

men. Wären sie ein Segen allein, dann könnten wir uns zurücklehnen, applaudieren und zustimmen. Wären sie nur Fluch und nichts sonst, dann müßten wir einen radikalen Schnitt machen und alles verbieten. Aber weil sie beides zusammen sind – HEINER KEUPP hat, in anderem Zusammenhang, für diese brisante Mischung einmal die Formel »Riskante Chancen« geprägt –, deshalb müssen wir das mühsame Geschäft auf uns nehmen, genau hinschauen, alle Möglichkeiten, alle Vorder- und Rückseiten durchdiskutieren. Also: Wo liegen die Chancen? Wo die Risiken? Was ist zulässig? Was geht zu weit? Und nicht zuletzt auch: *Wer* wird die Chancen bekommen, und *wer* muß die Risiken tragen? Wie also sieht die soziale Verteilung von Chancen und Risiken aus, wenn man verschiedene Gruppen betrachtet – etwa Männer und Frauen, Eltern und Kinder, Gesunde und Behinderte oder Angehörige der Mittelschicht und der sogenannten Randgruppen? Wo sind die Gewinner, wo die Verlierer bei dieser Chancen-Risiken-Rechnung?

Wenn Sie in meinen Fragen nun einen kritischen Ton hören, so hat dies nicht zuletzt damit zu tun, daß viele Pioniere der neuen Biotechnologien dieses abwägende Vergleichen nicht gerade fördern, um es milde zu sagen. Was sie uns anpreisen, in vielerlei Tonarten und unzähligen Variationen, das sind stets die Verheißungen: den Kinderlosen Hilfe anbieten, Krankheit verhindern, Schmerzen abwenden. Das ist eine sehr einseitige Darstellung, die keinen Blick für die Kehrseiten hat. Deshalb ist es nötig, hier eine Ergänzung zu bieten, die das Bild vollständiger macht, die gezielt auch die sogenannten »Nebenfolgen« in den Blick rückt, all das, was nicht in die Liste der Verheißungen paßt. Erst dann ist eine offene Auseinandersetzung möglich, im Austausch der verschiedenen Argumente und ihrer Gewichte, im Abwägen der Pro- und Kontrastandpunkte. Erst dann wird Demokratie möglich: als öffentliche Auseinandersetzung darüber, was wir – diese Gesellschaft mit diesen Grundwerten – für wünschenswert halten, was nicht, wo die Grenzen zu ziehen sind.

Frage: Sie haben eben gesagt, die Chancen-Risiken-Rechnung falle für verschiedene Gruppen unterschiedlich aus. Liegt hier der

Grund, weshalb Reproduktions- und Gentechnologien gerade auch unter den Frauen so heiß diskutiert werden? Welche Position wird in der Frauenforschung vertreten, dafür oder dagegen?

Antwort: In der Frauenbewegung und Frauenforschung wird die Diskussion vielfach – nicht immer, darauf komme ich noch – nach dem Motto geführt: Was bringt's für die Frauen? Wie sieht, angesichts dieser Technologien, unser Selbstbestimmungsrecht aus? Das ist der gemeinsame Maßstab, aber die Antworten fallen ganz gegensätzlich aus. Auf der einen Seite stehen diejenigen Frauen, die sich von den neuen Technologien eine Erweiterung ihrer Wahlchancen und Handlungsspielräume erhoffen, z. B.: Wenn frau Eizellen rechtzeitig einfriert, braucht sie sich ums Ticken der biologischen Uhr nicht mehr zu sorgen; oder die pränatale Diagnose nimmt uns die Angst vor dem behinderten Kind und den Konsequenzen, die dann lebenslang auf uns zukommen. Das ist die Position derjenigen Frauen, die – teils ganz direkt, teils mit gewissen Vorbehalten und Einschränkungen – das Angebot der neuen Technologien begrüßen. Auf der anderen Seite stehen diejenigen Gruppen, die im Zuge dieser Technologien neue Abhängigkeiten, Zwänge, Kontrollen auf Frauen zukommen sehen, von den Herrschaftsgelüsten des Patriarchats bis zum Uterus als Experimentierfeld für Forscherkarrieren und zu neuer Ausbeutung der Frauen als Klasse. Als Konsequenz wird hier eine radikale Ablehnung vertreten.

Frage: Sie kommen ja selbst auch aus der Frauenforschung. Wie also sieht Ihre eigene Position aus in dieser Kontroverse?
Antwort: Ich sehe, bewußt überspitzt formuliert, die Frau hier einmal als forsche Konsumentin im Supermarkt der Reproduktions- und Gentechnologien, das andere Mal als ewiges Opfer des Patriarchats. In keinem dieser Bilder kann ich meine Position wiederfinden. Nach meiner Auffassung wird die Kontroverse unter falschen Vorzeichen geführt, aus einer zu engen Sichtweise heraus. Natürlich ist es wichtig, danach zu fragen, was Reproduktions- und Gentechnologie für Frauen bedeuten, denn sie bekommen ganz direkt die Konsequenzen zu spüren: sei's unmittelbar am eigenen

Körper, sei's bei der Lebensplanung und den Hoffnungen, Erwartungen, Pflichten, die um den Kinderwunsch kreisen. Das alles steht außer Zweifel. Dennoch ist es falsch, so meine ich jedenfalls, wenn die Frauenforschung allein oder ganz vorrangig nur diese Fragen zu ihrem Anliegen macht. Tatsächlich sind doch auch andere Gruppen betroffen, und dies nicht gerade wenig, sondern bis an die Kernpunkte ihrer Existenz. Wie etwa sieht es denn aus mit dem Selbstbestimmungsrecht unserer Kinder, wenn wir vorgängig – und per definitionem, ohne sie fragen zu können – Auswahlen treffen, nach Geschlecht, Augenfarbe, Intelligenz oder was sonst, sei's mit Hilfe von Samenspendern, Leihmüttern oder pränataler Diagnose; Auswahlen also, in denen sich *unsere* Wunschbilder spiegeln und die für diese Kinder Leib und Leben betreffen? Und nicht zuletzt, wie sieht die Zukunft für Behinderte aus, und zwar für Behinderte gleich welchen Geschlechts: Wie werden, im ganz wörtlichen Sinn, ihre Lebenschancen aussehen, wenn wir uns daran gewöhnen, die genetischen »Defekte« zum Maßstab zu machen?

Frage: Nun könnte man ja sagen, die Frauenforschung kann nicht alles auf einmal angehen, sie sollte doch wohl zuallererst die Frauen betrachten...
Antwort: Das hängt davon ab, was Sie unter Frauenforschung verstehen. Nach meinem Verständnis sind Frauenbewegung und Frauenforschung nicht nur angetreten, um gegen die Unterdrückung und Diskriminierung von Frauen zu kämpfen. Vielmehr gehört es zu ihrer Tradition, aus dieser Erfahrung heraus *auch* eine Sensibilität und Solidarität für andere Gruppen zu entwickeln, die unterdrückt, ausgegrenzt, in ihren Rechten beschnitten werden. In der Diskussion um Reproduktions- und Gentechnologie ging diese Sensibilität manchmal verloren – verständlich vielleicht, wenn man das Tempo der Entwicklung bedenkt und die Brisanz, Komplexität, Vielschichtigkeit der Fragen, mit denen wir so unvorbereitet konfrontiert wurden. Inzwischen zeichnet sich aber ab, daß einige Gruppen in der Frauenbewegung und Frauenforschung sich wieder auf diese Tradition der Sensibilität und Solida-

rität besinnen. Darüber freue ich mich, und ich hoffe sehr, daß ihre Stimmen gehört werden.

Frage: Das wäre ein Wunsch, eine Hoffnung. Vielleicht können Sie auch noch eine Sorge nennen, die für Sie wichtig ist, wenn Sie die neuen Biotechnologien betrachten?

Antwort: Wenn ich eine herausgreifen soll, dann eine Tendenz, die in diesem Zusammenhang wenig genannt wird und die doch allerorts spürbar wird, wenn man die Diskussionen verfolgt. Meine Sorge ist, daß wir mit den Biotechnologien immer mehr hineinlaufen in eine Expertenabhängigkeit, ja mehr noch in eine Expertokratie, also in eine Gesellschaft, wo am Ende allein die Experten regieren. Um keine Mißverständnisse aufkommen zu lassen: Dieser Trend in Richtung Expertokratie ist sicher keine Entwicklung, die allein die Biotechnologien erzeugen. Da gibt es noch viele andere Ursachen, die im Projekt der Moderne angelegt sind. Doch die Biotechnologien tragen dazu bei, diesen Trend zu verstärken, sie geben ihm noch einen kräftigen Schub. Schon jetzt erleben wir hier die endlose Schlange der Pro-Kontra-Argumente, ausgetauscht zwischen Experten und Gegenexperten. Die Fragen, die es zu beantworten gilt, sind offensichtlich hochkompliziert, viele Dimensionen umfassend, naturwissenschaftliche Kenntnisse voraussetzend – wer kann sich da noch auskennen? Ich habe bei manchen öffentlichen Diskussionen erlebt, wie die Zuhörer angesichts des Expertendiskurses, der vom Podium herab und über sie hinwegrollte, angesichts der einschüchternden Prozession von Fachvokabeln, Fremdwörtern, Spezialistenjargon, sich überfordert und hilflos fühlten. Ich habe in manchen privaten Gesprächen erlebt, wie vor diesen Fragen auch Politiker oder Kollegen an der Universität resignierten, durch den Dschungel der widersprüchlichen Informationen keinen Weg bahnen konnten. Und wie muß es dann denen erst gehen, die nicht die Möglichkeit zum Studium hatten, die vielleicht nur die Hauptschule besuchten? Oder gar den Ausländern in unserem Land, erst recht wenn sie aus fremden Kulturen kommen, wenig Schulbildung haben, nur über gebrochene Sprachkenntnisse verfügen?

Ich habe gesagt, den Trend in Richtung Expertokratie erleben wir auch in vielen anderen Bereichen. Hier allerdings ist er Anlaß zu besonderer Sorge. Denn die Fragen, um die es geht, rühren direkt an unser Weltbild, unser Menschenbild, unsere Grundwerte, und dies nicht über viele Zwischenschritte vermittelt, sondern direkt in unserem eigenen Leben, in Entscheidungen, die vielleicht schneller auf manche zukommen, als sie im Augenblick ahnen. Ich sehe z. B. die Studentinnen, die im Seminar vor mir sitzen, Anfang Zwanzig, Mitte Zwanzig, manchmal noch älter. Die meisten werden ein paar Jahre studieren, dann den Berufseinstieg suchen, und irgendwann wird bei vielen der Kinderwunsch kommen. Einige werden dann feststellen müssen, daß es nicht gleich so klappt, wie sie hoffen. Die anderen werden oft schon zu den späten Müttern zählen. Und so werden viele, das kann man schon absehen, mit der Frage konfrontiert, welche Angebote der neuen Technologien sie annehmen wollen oder auf was sie sich lieber nicht einlassen wollen. Das sind keine abstrakten, abgehobenen Themen. Das sind Entscheidungen, die ganz konkret in ihren Körper, ihr Leben, ihre Partnerschaft und ihre Zukunftsplanung eingreifen.

Hier also liegt das Problem, für das ich kein Patentrezept habe: Gibt es einen Weg, der aus der Diktatur der Experten und Gegenexperten herausführt, aus jener Expertokratie, wo die Mediziner, Genetiker, Biologen, die Soziologen und Psychologen, die Juristen und Ethikspezialisten ihr Für und Wider in vielen Argumentationsschleifen ausbreiten; und alle andern, die Bürger/Bürgerinnen draußen im Land, darauf vertrauen, daß die Experten schon wissen, wohin die Reise geht; oder einfach dem folgen, was jeweils plausibel klingt oder in den Medien gerade Schlagzeilen macht?

Mit anderen Worten, wie können wir Demokratie hier erhalten – bei Entscheidungen, die so grundlegend sind, die den Kurs der Zukunft bestimmen?

Dieses Interview mit Elisabeth Beck-Gernsheim führte Elisabeth Beck-Gernsheim. Der Interview-Leitfaden folgte der Methode des realistischen Konstruktivismus.[1]

II.
Ein sozialwissenschaftlicher Blick auf die Technik

In den letzten Jahren haben sich in Fortpflanzungsmedizin, Biologie und Genetik sehr schnelle Entwicklungen vollzogen. Dazu gehören vor allem die Perfektionierung der künstlichen Befruchtung, mittels Tiefkühltechnik und Samenbank; dann die Befruchtung im Reagenzglas mit Embryo-Transfer; und schließlich die neuen Möglichkeiten der genetischen Analyse, von der pränatalen Diagnose bis zur prädiktiven Medizin und Präimplantations-Diagnostik.

In ihrer Kombination eröffnen diese Technologien ganz neue Formen des Eingriffs in den Bereich der Fortpflanzung, ja in die Substanz des menschlichen Lebens. Und genau deshalb sind sie auch zum Gegenstand zahlreicher Diskussionen in Wissenschaft, Politik und Öffentlichkeit geworden. Befürworter wie Kritiker sehen, daß hier ein »qualitativer Sprung« eingeleitet wird: Die Erzeugung des Menschen selbst wird machbar. Das heißt, der Fortpflanzungs- und Gentechnologie wächst immer mehr eine Schöpferrolle zu, und es stellen sich ganz neue Fragen: Nach welchen Kriterien sollen solche Entscheidungen fallen, die die Neukonstruktion des Lebens betreffen? Und wer soll sie treffen? Wie und wozu soll die Macht genutzt werden, die uns hier über uns selbst zuwächst?[1]

Aus dem Blickwinkel der naturwissenschaftlichen Forschung werden diese Entwicklungen nach ihren biologischen bzw. medizinischen Resultaten und dem entsprechenden Risiko-/Nutzenkalkül beurteilt. Also etwa: Wie hoch ist die Erfolgsrate bei der In-vitro-Fertilisation? Wie häufig kommt es dabei zu Mehrlingsschwangerschaften? Wie groß ist die Wahrscheinlichkeit, daß bei der pränatalen Diagnose eine Anomalie, wie z. B. das Down-Syndrom, entdeckt wird?

Das sind die immanent medizinischen Fragen, die zum konventionellen Paradigma der naturwissenschaftlichen Forschung gehören. Das dramatische Neue der Fortpflanzungs- und Gentechnologien ist aber – und das eben macht ja gerade einen wesentlichen Teil ihrer Faszination, ihrer Verheißungen wie Bedrohungen aus –, daß ihnen Implikationen anhaften, die im gesellschaftlichen, sozialen, politischen und psychischen Bereich einen tiefgreifenden Wandel in Gang setzen.

Unter diesen Bedingungen wird ein Umlernen nötig. Gerade weil die neuen Technologien ein enormes Potential in sich haben, weil sie in ihren Wirkungen soviel weitreichender sind als die konventionellen Verfahren der medizinischen Diagnostik und Therapie – eben deshalb ist es ein *Anachronismus*, wenn wir nur ihre medizinischen Resultate betrachten und alle weiteren Folgen und Nebenfolgen ausblenden. In diesem verkürzten und einseitigen Blick kommt zum Ausdruck, was der amerikanische Sozialwissenschaftler NEIL POSTMAN einmal den »Triumph der einäugigen Technik« genannt hat. Er nennt die Technik einäugig, »weil sie, wie die Zyklopen, nur das sieht, was direkt vor ihr steht«. Und dies, so POSTMAN, gehört geradezu zum Grundprinzip der Technik: »Wer wollte denn im Ernst von einer Maschine erwarten, daß sie ihre Nebenwirkungen bedenkt, daß sie sich um die gesellschaftlichen und psychischen Konsequenzen ihres Daseins kümmert? Maschinen stellen keine Fragen, sie haben keinen Blick für ihre Umgebung. Sie erfassen die Zukunft aus der starren Perspektive ihrer technischen Möglichkeiten.«[2]

1. Die Provokation

Was POSTMAN hier anschaulich formuliert, weist direkt auf den Kern der vielen Kontroversen, die wir heute in Politik, Medien, Öffentlichkeit erleben. Es ist symptomatisch für eine neue Runde in der gesellschaftlichen Wahrnehmung von Technik und deren Folgen. An die Stelle einer empirisch-biologischen Risikodebatte tritt zunehmend eine umfassende Technologiebewertung, die sozialpolitische und kulturelle Risiken miteinbezieht, Ziele und Konzepte der Forschung beleuchtet und die politische Bewertung nicht allein denen überläßt, die die Forschung betreiben.

Und hier eben liegt dann der Stein des Anstoßes. Für viele Naturwissenschaftler ist die Frage nach den weiteren Implikationen ihres Forschens und Handelns – nach den gesellschaftlichen und sozialen Folgen, den politischen und wirtschaftlichen Verflechtungen – immer noch eine Provokation: befremdlich, irritierend, bedrohlich. Sie erscheint manchen als unzulässiger Eingriff in ihr ureigenstes Gebiet. Dies ist durchaus verständlich, wenn man ihre Erfahrung bedenkt, wurden doch Naturwissenschaft und Technik lange Zeit von einem selbstverständlichen Fortschrittsglauben getragen, in dem sie auch ihre Legitimationsgrundlage hatten. Dieser Fortschrittsglaube, der von den meisten Gruppen innerhalb der Gesellschaft geteilt wurde, ging von der Annahme aus, die Ergebnisse des naturwissenschaftlich-technischen Handelns, der zunehmenden Naturbeherrschung seien förderlich sowohl für das Gemeinwohl wie für das Wohlergehen des einzelnen. Wir werden Produktivität steigern und Wohlstand vermehren, gegen Krankheiten schützen und Hunger abwehren, daran glaubten damals die meisten und meist ungebrochen. Kennzeichnend war derart eine Harmonieannahme: Fortschritt der Naturwissenschaften war in diesem Verständnis gleichbedeutend mit Fortschritt für das Allgemeinwohl.

Und dies alles soll jetzt nicht mehr stimmen? In Politik wie in Öffentlichkeit, innerhalb der Wissenschaften wie zwischen ihnen, nicht zuletzt auch innerhalb der Naturwissenschaften selbst sind Kontroversen in Gang gekommen, von der Diskussion über die Zerstörung der äußeren Natur bis zur Diskussion um die immer weiterreichenden Eingriffe in die menschliche Natur. Was sich abzeichnet, ist ein »Ende des Fortschrittskonsenses«, der die Industriegesellschaft lange getragen hat.

Dieses Umkippen der Argumentation stellt die Forscher vor eine völlig neue Situation. Für viele, insbesondere der älteren Generation, wird damit eine selbstverständliche Basis ihres täglichen Handelns genommen, ja ihr Lebenswerk in Zweifel gestellt. Sie sehen sich mit einer Umwertung ihres Bildes in der Öffentlichkeit konfrontiert: Wo sie einst als Retter der Menschheit galten, erscheinen sie jetzt oft als Zerstörer der Umwelt und der Natur, als blinde Gefährder der Zukunft unseres Planeten. Sie sehen sich vor Fragen gestellt, die weit über die Kategorien ihrer Ausbildung und beruflichen Spezialisierung hinausreichen – Fragen, die ihr professionelles Selbstverständnis und ihre professionelle Identität betreffen. Das muß Verunsicherung schaffen, bei manchen auch Verbitterung, bis hin zu Feindbildern. Und was die Auseinandersetzung noch härter macht, auch innerhalb der Naturwissenschaften – vor allem innerhalb der jüngeren Generation – gibt es wachsende Gruppen, die der traditionellen Naturwissenschaft Gefährdung vorwerfen und ein »anderes« Verständnis von Naturwissenschaft einklagen.

Was von den verschiedensten Seiten jetzt in den Mittelpunkt rückt, ist die Frage nach der *Sozialverträglichkeit* der Resultate naturwissenschaftlich-technischen Handelns. Damit verschiebt sich der Blickwinkel: Jetzt wird gezielt auch gefragt nach den sogenannten *Nebenfolgen* des Fortschritts, nach den Risiken und Gefahrenpotentialen, die darin enthalten sind. Gefordert wird eine Technikforschung, die solche Gefahrenpotentiale vorweg erkennt und der öffentlichen Diskussion zugänglich macht. Dies gilt für viele Bereiche, von der Atomenergie bis zur Biotechnologie. Nehmen wir als Beispiel die Gentechnologie. »Bei der kritischen Diskussion über die ungeklärten Gefahrenpotentiale der Gentechnologie geht es nicht nur um die technische Akzeptanz im engeren Sinne, sondern um die Frage nach der ethischen und gesellschaftlichen Zulässigkeit einer so gearteten Biotechnologie.«[3] Ins Blickfeld rückt hier, daß die Gentechnologie nicht nur die technischen Mittel für technisch definierte Zwecke bereitstellt, sondern, viel weitreichender, ein neues Verhältnis des Menschen zu sich selbst und seiner Natur in Gang setzt. Damit werden notwendig Grundsatzfragen berührt, die eine neue Reflexion über Sinn und Zweck solcher Eingriffe erfordern. »Strategische Bedeutung hat die Entscheidung für oder gegen die Anwendung der Gentechnologie in Wahrheit nicht auf der Ebene einzelner Politikfelder..., sondern auf der Ebene der Kultur insgesamt. Leben, bisher zumindest noch von Resten einer fast religiösen Unantastbarkeit umgeben, wird technisch verfügbar wie Kunststoff. Ist das angemessen? Ist eine Ethik, sind individuelle Wertungen angemessen, die eine solche Technisierung erlauben bzw. geradezu gebieten?... Können und dürfen wir uns beliebig von den Grundlagen der biologischen Evolution ›emanzipieren‹?... Diese Fragen... berühren den Sinn unseres Daseins und unseres Handelns; sie betreffen die Grundlagen unseres Denkens, unseres Verhältnisses zur Natur und unserer moralischen Institutionen.«[4]

Mit den enormen Eingriffsmöglichkeiten, die die Biotechnik eröffnet, wird die Welt zum Labor, die Gesellschaft selbst zum Gegenstand des Experiments. Unabweisbar steht damit die Frage im Raum: *Welche Zukunft wollen wir? In welcher Gesellschaft wollen wir leben?*

2. Voraussetzungen und Hintergrundannahmen – eine praktische Auswahl

Wo die Diskussion sich solchen Themen zuwendet, müssen die Voraussetzungen und Hintergrundannahmen, die Prämissen und Prioritäten neu bestimmt werden. Die, die gewohnt sind, im Bezugsrahmen des Fortschrittsparadigmas zu denken und zu handeln, finden sich plötzlich auf unbekanntem Terrain, der alten Sicherheiten beraubt. Die Spannung verschärft sich, bei den einen wächst Ungeduld, bei den anderen Rigidität.

Um aus den festgefahrenen Positionen herauszukommen, um einen Dialog möglich zu machen, ist es nötig, zunächst einmal die Unterschiede klar zu benennen. Genau das sollen die folgenden Stichworte versuchen: Sie sollen eine Ahnung davon vermitteln, wie der neue Blick auf die Technik das Gesichtsfeld verändert. Vielleicht lassen sich so ein paar der Mißverständnisse ausräumen, die im Dialog zwischen Natur- und Sozialwissenschaftlern beharrlich auftauchen und endlose Irritationen erzeugen. Vielleicht –

auch das könnte geschehen – wird dann der Streit an Schärfe noch zunehmen. Aber dann wissen wir wenigstens, *worüber* wir streiten.

Absichten sind anders als Folgen

Naturwissenschaftler, die von der Erfahrung des Fortschrittsparadigmas geprägt sind, fühlen sich in der neuen Diskussion häufig verkannt. Sie weisen auf die Absichten, die ihre Forschung antreiben. Ein neues Medikament finden, einen besseren Impfstoff, wirksamere Möglichkeiten der Prävention und Therapie: Ist das denn nicht wichtig und richtig? Warum will denn keiner ihren Absichten glauben?

Hier liegt ein Mißverständnis vor, und zwar kein geringes. Sozialwissenschaftliche Folgenabschätzung zielt keineswegs darauf ab, allen Forschern böse Absicht zu unterstellen. Nur ist sie, wie ihr Name schon sagt, *Folgen*abschätzung. Und das erfordert, zwischen Absichten und Folgen des Handelns zu unterscheiden. Was einer will, kommt nicht immer zustande, und manchmal kommt am Ende sogar ganz andres heraus. Dies gilt für alle Bereiche menschlichen Handelns, von der Politik bis zur Liebe bis zur Kindererziehung (viele Eltern würden gern einen kleinen Einstein heranziehen, aber nur wenigen gelingt es). NORBERT ELIAS hat dies einmal ganz anschaulich gesagt: »Unter keinen Umständen darf man die Entwicklung der Gesellschaft so darstellen, als ob das alles aus dem Wollen und Planen der Menschen hervorgeht. Aus den Absichten von vielen Menschen, die sich zum Teil durchkreuzen, entsteht etwas, das von dem, was sie wollen, völlig verschieden sein kann.«[5] Dieser Satz gilt nicht nur für die Entwicklung der Gesellschaft, er gilt auch für die Entwicklung von Wissenschaft, Forschung und Technik. Eine umfassende Studie zur Verwendung sozialwissenschaftlichen Wissens kommt zu dem provozierenden Schluß: »Die Verwendung der Ergebnisse hat nichts mit den Ergebnissen zu tun, die verwendet werden.«[6] In den Naturwissenschaften, so darf man annehmen, ist die Situation nicht völlig verschieden.

Das heißt konkret: Die Motive der Wissenschaftler und Forscher, der Ärzte und Berater, die etwa im Bereich der Humangenetik tätig sind, mögen völlig respektabel und ehrenwert sein, den Werten des ärztlichen Berufsstandes und des Grundgesetzes verpflichtet. Was die sozialwissenschaftliche Folgenabschätzung interessiert, sind aber nicht die Absichten einzelner Personen, sondern das, was im gesellschaftlichen Raum »dabei herauskommt«: wie das Verhalten der Menschen sich verändert, wenn neue gendiagnostische Möglichkeiten angeboten werden und auf bestehende gesellschaftliche Rahmenbedingungen treffen, wie in diesem Wechselspiel dann neue Formen der Lebensgestaltung entstehen und sich verfestigen. Gefragt wird hier also nach der tatsächlichen Nutzung der Humangenetik im Rahmen von gesellschaftlichen, politischen, ökonomischen Bedingungen, im Zusammenspiel vielfältiger Interesseneinflüsse, Konkurrenzstrategien, Machtkonstellationen, im Widerstreit verschiedenster Gruppen und Institutionen (von Politik und Parteien bis zu Kirchen, Gewerkschaften, Verbänden).

Normative Ziele und vielschichtige Motive

In naturwissenschaftlichen Darstellungen ist stets von »den« Zielen der In-vitro-Befruchtung oder Pränataldiagnose oder Genomanalyse die Rede. Damit sind, schaut man genauer hin, Ziele gemeint, die sich ergeben aus den Aufgaben des ärztlichen Berufsstandes, bezogen auf die Normen unserer Rechtsordnung und Gesellschaft – konkret also frühe Krankheitserkennung, Prävention, Therapie. Solche Darstellungen sind insofern freilich verkürzt, weil sie normativ bleiben und damit eine entscheidende Bedingung sozialer Realität ausblenden: Sie blenden aus, daß es in der Realität ganz verschiedene Gruppen sind, die mit der Entwicklung, Anwendung, Durchsetzung etwa gendiagnostischer Verfahren zu tun haben – Forscher, Ärzte, Patienten, Unternehmer usw. –, und daß diese Gruppen oft ganz unterschiedliche Motive und Interessen, Hoffnungen und Erwartungen mit der Genomanalyse verbinden. Dabei mögen diese einzelnen Motive mit den offiziellen, sozial legitimen Zielen der Genomanalyse vielfach vereinbar sein. An anderen Stellen aber können widerstreitende Interessenlagen, ja deutliche Interessenkonflikte entstehen. Deshalb wäre es ein erheblicher Fehler, von den normativen Zielen direkt auf die Art der tatsächlichen Nutzung zu schließen. Um nur einige Beispiele zu nennen:

Für diejenigen, die im Bereich der Fortpflanzungs- und Gentechnologie berufstätig sind, gilt das, was für andere Berufsgruppen auch gilt: Sie bringen in ihre berufliche Situation Eigeninteressen ein, die auf Sicherung ihres ökonomischen und sozialen Status gerichtet sind.[7] Das heißt, auch Forscher und Ärzte tun ihre Arbeit nicht nur aus karitativen Motiven, um der Menschheit zu helfen und Leid abzuwenden. Sie wollen vielmehr auch ein Einkommen haben, ihre soziale Stellung sichern, vielleicht durch Aufstieg verbessern, vielleicht auch Karriere machen und den Nobelpreis gewinnen. Solche Motive sind selbstverständlich keine Spezialität derer, die in der Fortpflanzungs- und Gentechnologie tätig sind, sondern finden sich durchgängig durch alle Berufsgruppen (ja, auch bei Sozialwissenschaftlern), und sie sind durchaus nicht illegitim (wer wollte denn fordern, daß alle Ärzte zum Fall für die Sozialhilfe werden?).

Entscheidend ist hier aber, daß es *auch* solche Motive sind – und nicht nur die normativ vorgegebenen –, die die Entwicklung und Nutzung der Fortpflanzungs- und Gentechnologie mitbestimmen. So mag z. B. die Indikation für gendiagnostische Analysen während der Schwangerschaft dort großzügiger gestellt werden, wo der Arzt selbst über entsprechende Laboreinrichtungen verfügt und daran verdient. Und je mehr Ärzte in das Feld der Gendiagnostik einsteigen – weil hier eine vielversprechende Wachstumsbranche ist, die selbst angesichts der allgemeinen Ärzteschwemme noch Einkommenschancen verheißt –, desto mehr wird möglicherweise auch die Bereitschaft zu entsprechenden Indikationsstellungen zunehmen. (Schon heute zeigt sich, daß die Altersgrenze für die Fruchtwasser-Untersuchung sinkt, je mehr die Laborkapazitäten zunehmen.)

Für die gesellschaftliche Nutzung der Humangenetik ist darüber hinaus wichtig, daß die hier tätigen Forscher und Ärzte keine einheitliche Gruppe sind, sondern sehr heterogen in ihren Motiven, Einstellungen, Werthaltungen. Wie weit die Positionen auseinandergehen, zeigt sich insbesondere bei den Kontroversen, die sich um das Stichwort »Eugenik« entzünden. Da gibt es, insbesondere in Deutschland, zahlreiche Wissenschaftler, die explizit und unmißverständlich jegliche eugenische Ausrichtung zurückweisen. Und es gibt, insbesondere im internationalen Raum, viele Wissenschaftler, die ebenso explizit und eindeutig für eugenische Zielsetzungen eintreten. Das heißt zunächst einmal, daß »die« Humangenetik zu unterschiedlichen Zwecken eingesetzt werden kann. Und es heißt darüber hinaus: Es wäre ein Fehlschluß, von der Grundhaltung jener, die sich gegen Eugenik wenden, darauf zu schließen, daß die zukünftige Nutzung der Humangenetik – im nationalen und erst recht im internationalen Raum – nur in den von ihnen genannten und anerkannten Grenzen verläuft. Was für manche Wissenschaftler an Tabuschwellen rührt, mögen andere für gerade noch zulässig, für wünschenswert oder gar moralisch geboten halten – und entsprechend auch praktizieren.

Schließlich sind es auch die PatientInnen und KlientInnen selbst, die ihre je eigenen Interessen in die Medizintechnologie einbringen. So ist es sicher die Hoffnung aufs Kind, die die Frauen zur Kinderwunschsprechstunde bringt. Doch verknüpfen sich mit dem, was da als Kinderwunsch formuliert wird, oft auch, ja manchmal vorrangig ganz andere Motive, die jenseits des ärztlichen Handelns liegen – etwa die Hoffnung, die Ehe zu kitten oder einem gestörten Selbstwertgefühl einen Anker zu geben.[8] Und während die Pränataldiagnostik im Normalfall gewünscht wird, um die Angst vor einer Behinderung abbauen zu können, kann sie umgekehrt auch angestrebt werden in der *Hoffnung*, einen genetischen Defekt zu entdecken – um so auf legalem Weg die Indikation für einen Schwangerschaftsabbruch zu bekommen.[9] Das ist ein Extremfall, gewiß. Aber es ist kein Extremfall, sondern normal, daß die Menschen vielschichtige Motive haben, die – um es milde zu sagen – nicht immer übereinstimmen mit dem, was die offiziellen Normen und Leitbilder verkünden. (»Der Mensch ist ein krummes Holz«, wußte schon KANT.) Damit können Konstellationen entstehen, wo die Wünsche und Erwartungen der PatientInnen sich keineswegs an die normativen Vorgaben und damit auch Grenzen halten, die zum Selbstverständnis des ärztlichen Berufsstandes gehören. Um Erfahrungen aus dem Bereich der Pränataldiagnostik zu nennen: Immer wieder kommt es dazu, »daß aufgeklärte, gut unterrichtete Eltern Forderungen stellen und zu begründen wissen, die weit über das ärztlich Verantwortbare, ursprünglich Beabsichtigte hinausgehen. Da wir in unserer pluralistischen Gesellschaft daran gewöhnt sind, die unterschiedlichsten Begründungsebenen für Verhalten zu akzeptieren, darf es uns nicht wundern, wenn Eltern sich aus ganz anderen Gründen für einen Test des Ungeborenen entscheiden möchten, als ihre Berater ihnen zugestehen möchten.«[10]

Seit FREUD kann man nachlesen, daß die menschliche Seele ein Labyrinth ist mit vielen verschlungenen Pfaden, wo Sehnsüchte und Schmerzen, Begierden und Leiden manch eigenartige Mischung eingehen und die Menschen zu allerlei Verwicklungen treiben. In der Welt aber, die die Pioniere der Biotechnik voraussetzen, existiert nichts davon. Da gibt es nur Defekte, Anomalien, Befunde, nicht aber die dazugehörigen Menschen. Da gibt es keine Seele, erst recht keine Verwicklungen, keine Geheimnisse, keine Vielfalt, kein Nebeneinander unterschiedlicher Motive, keine Gründe hinter den Gründen. Da ist nur von den objektiven Daten die Rede (etwa von der Erfolgsrate bei der In-vitro-Befruchtung oder von der Wahrscheinlichkeit eines genetischen Defekts bei Risikoträgern), aber ganz außer acht bleibt, wie diese auf subjektive Erwartungen, Hoffnungen, Ängste treffen (etwa auf den Ehrgeiz der Forscher, die verzweifelten Wünsche von Patienten) und wie erst aus dieser Verbindung das Handeln der Menschen entsteht. All dies bleibt draußen, wird zum »Störfall« erklärt, heißt »irrational«, sprich: wir wollen's nicht sehen. Der Mensch, den die Pioniere der Biotechnik entwerfen, ist glattgehobelt, gefühlsfrei, steril – ein Laborprodukt.

Ist Technik Schicksal?

Nach einem verbreiteten Bild ist Technik gewissermaßen Schicksal. Das Aufkommen neuer Technik, der technische Fortschritt besitzt demnach eine unaufhaltsame Kraft. Die Entwicklung bricht über uns herein, einer Naturgewalt gleich. Man kann ihr nicht ausweichen, man kann nichts daran ändern, man kann sich nur darauf einstellen.

Aber diese Vorstellung stimmt nicht. Denn die Durchsetzung neuer Technologien ist nie aus der Technik allein zu begreifen. Ob, wie und von wem eine neue Technik genutzt wird, hängt ab von vielen Bedingungen, insbesondere von kulturell und historisch verfestigten Werthaltungen, von sozial geltenden Normen und Leitbildern, von den Vorgaben des Rechtssystems und der Darstellung in Massenmedien und Werbung, vom Expertendiskurs in der Öffentlichkeit, nicht zuletzt auch von den zu erwartenden finanziellen Kosten bzw. Vorteilen. Nehmen wir als Beispiel wieder die Pränataldiagnostik (und künftig Präimplantationsdiagnostik). Als wichtige Bedingungen, die Nachfrage und Nutzung zu beeinflussen, sind hier zu nennen:

– die aktuellen Leitwerte von »Gesundheit« und »verantworteter Elternschaft« (siehe unten);
– die Veränderung der Familienstrukturen (Kleinfamilie der Gegenwart, Beschränkung der Geburtenzahlen, zunehmende Erwerbstätigkeit der Frau): Unter diesen Bedingungen wird die Annahme eines behinderten Kindes schwieriger, und um so mehr Gedanken und Wünsche kreisen um die Gesundheit des Kindes;
– die institutionellen Angebote zur Förderung und Betreuung behinderter Kinder: Je weniger es solche Angebote gibt und je ungenügender ihre Ausstattung ist, desto mehr fühlen sich Familien damit überfordert, ein behindertes Kind anzunehmen;
– Darstellungen in Massenmedien, aber z. T. auch Wissenschaft, die falsche Erwartungen wecken – als sei mit Hilfe der neuen Verfahren Krankheit vermeidbar, als könne die Gesundheit des Kindes garantiert werden;

- Diskussion um die Kostenexplosion im Gesundheitswesen: Die Prävention genetisch bedingter Krankheiten wird damit zu einem legitimen gesellschaftspolitischen Ziel;
- die Vorgaben der Rechtsordnung (z. B. Grundgesetz, Anerkennung des Rechtes auf Selbstbestimmung usw.). Hier ist vor allem die Regelung des Schwangerschaftsabbruchs wichtig, also ob die pränatale Diagnose mit »Handlungschancen« verknüpft wird, wenn der Befund ungünstig ausfällt;
- die Lebensgeschichte der Frau/des Paares: Ist die Schwangerschaft heiß ersehnt, oder wird sie eher abgelehnt? Gibt es eine religiöse Bindung, und wie stark ist dieselbe? Haben die beiden je mit Behinderten zusammengelebt, oder kennen sie Behinderte aus ihrem Lebensumkreis?

So ist die Biotechnik sicher nicht »Schicksal«: Sie diktiert nicht, ob und wie sie genutzt wird. Aber auf der anderen Seite bleibt diese Technik im gesellschaftlichen Raum auch nicht neutral: Sie gibt neue Handlungschancen im Umgang mit Gesundheit, Krankheit, Behinderung vor, die mit kulturellen Werthaltungen, geltenden Leitbildern, rechtlichen Regelungen usw. eine Verbindung eingehen, tritt damit in Konkurrenz zu bisher eingespielten Handlungsmustern, trägt möglicherweise zu deren Verdrängung bei. In diesem Sinne ist Technik zu begreifen als spiralförmiger Prozeß. »Technik erscheint als Produkt und Instrument gesellschaftlicher Bedarfslagen, Interessen und Konflikte; Technik ist Wirkung und Ursache zugleich.«[11] Sie entsteht auf einem bestimmten soziokulturellen Hintergrund, und im Prozeß ihrer Anwendung verändert sie diesen.

In den folgenden Kapiteln will ich diesen spiralförmigen Prozeß anschaulich machen. Ich will, um es mit POSTMAN zu sagen, aus der Einäugigkeit eine Zweiäugigkeit machen und die *soziale Dynamik* aufzeigen, die *Fortpflanzungs- und Gentechnologie in Gang setzen*: den fundamentalen Wandel der Erwartungen und Maßstäbe, Wünsche und Zwänge in jenem hochsensiblen Bereich, wo es um Kinderwunsch und Fortpflanzung, um Gesundheit, Krankheit, Behinderung geht.

III.
Von der Pille zum Retortenbaby:
Neue Handlungsmöglichkeiten, neue Handlungszwänge
im Bereich der Fortpflanzung[1]

Im Zentrum dieses Kapitels stehen die neuen Fortpflanzungstechnologien, ihre sozialen und psychischen Folgen für Frauen und Männer. Dabei wird der Begriff »Fortpflanzungstechnologien« in sehr weitem Sinne gebraucht: Er soll alle Formen biomedizinischer Eingriffe und Hilfen umfassen, die heute verfügbar sind, um ein Kind – oder kein Kind – zu bekommen. Das Spektrum reicht somit von den neuen Formen der Geburtenkontrolle, die einen fast 100 Prozent sicheren Empfängnisschutz bieten (»Pille«), bis zu den spektakulär neuen Formen der Unfruchtbarkeitsbehandlung wie künstliche Befruchtung (»Samenbank«, »Tiefkühlsperma«) und In-vitro-Befruchtung.

Dieses Thema will ich in zwei Schritten angehen. Zunächst werden die Argumente der Pioniere der Fortpflanzungstechnologie und die ihrer Kritiker gegenübergestellt. Hier rückt der Kontext der Anwendung und Durchsetzung von Technologien ins Blickfeld mit der Eigendynamik und den Nebenfolgen, die darin enthalten sind. Damit ist der Bezugsrahmen geschaffen, um zwei konkrete Beispiele aus dem Repertoire der Fortpflanzungstechnologien zu diskutieren, nämlich die Pille und die neuen Formen der Unfruchtbarkeitsbehandlung. Die Frage heißt jeweils: Welche neuen Handlungsmöglichkeiten, welche neuen Handlungszwänge sind damit verbunden? Wie greifen diese Technologien ein in das Leben von Frauen und Männern, in die Formen ihres Zusammenlebens, in ihre Wünsche und Pläne, Hoffnungen und Ängste?

1. Über Eigendynamik und Nebenfolgen

Das gemeinsame Merkmal der neuen Fortpflanzungstechnologien besteht darin, daß sie Sexualität und Fortpflanzung immer weiter herauslösen aus den Zwängen und Vorgaben der Natur. Ein zentraler Bereich des menschlichen Lebens, der früher nur in sehr begrenztem Maß beeinflußbar war, wird heute in wachsendem Maß machbar, planbar, entscheidungsabhängig.

Damit stellt sich die Frage, wie die Folgen dieser Entwicklung einzuschätzen sind. Die Pioniere der neuen Fortpflanzungstechnologien betonen den damit verbundenen Fortschritt, die Erweiterung von Freiräumen, Wahlmöglichkeiten und Entscheidungschancen. Ihre Argumente sind ebenso naheliegend wie einleuchtend: Frauen und Männer, die kein Kind wollen, müssen nicht auf Sexualität verzichten oder mit dem Risiko einer ungewollten Schwangerschaft leben. Frauen und Männer, die ungewollt kinderlos bleiben, können mit medizinischer Hilfe doch noch zu Nachwuchs kommen.

Auf der anderen Seite hat sich in den letzten Jahren eine breite Koalition von WissenschaftlerInnen verschiedenster Disziplinen herausgebildet – das Spektrum reicht von Philosophie bis Medizin, von Theologie bis Frauenforschung –, die die neue Entwicklung weitaus kritischer betrachten. Die Vertreter dieser Sichtweise weisen vor allem auf die *ungeplanten und ungewollten »Nebenfolgen« des technologischen Zugriffs*. Ihre Argumente lauten: Die Entwicklung der neuen Fortpflanzungstechnologien erzeugt nicht nur neue Wahlmöglichkeiten, sondern läßt auch alte verschwinden; sie schafft nicht nur Freiräume, sondern auch neue Zwänge, Kontrollen und Abhängigkeiten. Darüber hinaus sind Techniken im sozialen Raum nie neutral, sondern wirken zurück auf die Entscheidungssituation, die Handlungsalternativen und die Beurteilungsmaßstäbe, verändern individuelle Erwartungen und Verhaltensweisen, soziale Normen und Standards. Oder um ein Wort von MAX WEBER abzuwandeln: Die technische Entwicklung ist kein »Fiaker, aus dem man nach Belieben aussteigen kann«.

Nun bestreiten die Befürworter der neuen Fortpflanzungstechnologien durchaus nicht, daß darin auch Risiken enthalten sein mögen.[2] Nur halten sie dem entgegen: Wer die Risiken als zu hoch einschätzt, braucht sich der entsprechenden medizinischen Möglichkeiten ja nicht zu bedienen. Oder anders gesagt: Keiner wird zur Anwendung gezwungen.[3] Auch wird zugestanden, daß hier, genau wie bei anderen Entwicklungen auch, Nutzen und Mißbrauch eng beieinander liegen. Doch als Ausweg aus diesem Dilemma wird dann auf die persönliche Verantwortung und Entscheidung des einzelnen verwiesen. Auf eine kurze Formel gebracht: »Niemand zwingt uns zum Mißbrauch.«[4]

Die Kritiker der neuen Fortpflanzungstechnologien halten dem wiederum entgegen, daß es ein einseitiges und vereinfachendes Bild ist, wenn man Entscheidungsfreiheit und Verantwortung nur als individuelle versteht. Denn individuelle Entscheidungen, so heißt es hier, sind stets Teil eines sozialen Systems, das bestimmte Wahlmöglichkeiten belohnt und andere bestraft. Darüber hinaus werden sie stets überformt durch soziale Prozesse der Bewußtmachung und Informationsvermittlung, Problemwahrnehmung und Problemdefinition, der direkten und indirekten Normierung. Ins Blickfeld rückt hier dann der soziale Prozeß der Umsetzung und Anwendung von Technologien mit seiner Eigendynamik und seiner Schubkraft.

Im Zentrum der Kontroverse steht damit die Frage, wie das Fortschreiten des Fortschritts zu begreifen ist, als individuelle Entscheidungsfreiheit oder sozial vorgegebener Zwang. Im folgenden werden mit groben Stichworten einige der Argumente skizziert, die in diesem Zusammenhang angeführt werden.

Schleichende Durchsetzung oder: Revolution auf leisen Sohlen

Die Durchsetzung neuer Technologien erfolgt vielfach in kleinen und deshalb im einzelnen kaum merklichen Schritten, die jedoch systematisch aufeinander aufbauen und so die Entwicklung »scheibchenweise« immer weiter vorantreiben. Wo der Prozeß so verläuft, wird an keinem einzelnen Punkt ein tiefgreifender Wandel, ein qualitativer Sprung sichtbar – und dennoch ist am Ende ein grundsätzlicher Wandel durchgesetzt worden. Was vor unseren Augen stattfindet, ohne daß wir es sehen, ist eine »Revolution auf leisen Sohlen«.

»... die genetischen Techniken, die wissenschaftlich so revolutionär sind, [lassen] sich in ihrer praktischen Nutzung problemlos und nahezu unmerklich an schon etablierte Verfahren anschließen. Ihre Einführung geschieht in kleinen Schritten, die zwar jeweils über das Bisherige hinausführen, aber durch Analogie zu Bekanntem gedeckt sind. Jeder dieser Schritte ist für sich gesehen plausibel...«[5]

»... der Prozeß... schreitet auf hundert Pfaden und in tausend kleinen Schritten fort, überall voll von Unbekannten hinsichtlich der kritischen Schwellwerte, also offenen Fragen, wie weit man hier oder dort gehen darf; nicht in dramatischen Entscheidungen, sondern in banaler Alltäglichkeit und durch Einsatz an sich unschuldiger, dem Leben förderlicher... Mittel.«[6]

In den 60er und frühen 70er Jahren gewann z. B. die künstliche Befruchtung – ein technisch wenig aufwendiges Verfahren – immer mehr an Verbreitung. Dies trug dazu bei, emotionale Barrieren gegenüber Eingriffen im Bereich der Fortpflanzung abzubauen, und es schuf Präzedenzfälle für die juristische Behandlung von Nachkommen mit »fremden« Genen. In einem sehr konkreten Sinn ebnete die künstliche Befruchtung damit auch den Weg für die spätere Ersetzung von Eizellen und/oder Uterus durch die anderer Frauen. Weitere Verfahren von relativ geringem technischen Aufwand, die separat entwickelt wurden, sind die hormonelle Stimulierung der Eierstöcke und die laproskopische Chirurgie, die beide wiederum die Legitimation schufen für nicht-krankheitsbedingte Eingriffe an den Fortpflanzungsorganen der Frau. Dies alles ist nicht Ergebnis einer Verschwörung, sondern Produkt eines ständigen Prozesses der graduellen und partiellen Veränderungen, der aufgrund seiner besonderen Natur meist unsichtbar bleibt. Jede Veränderung der medizinischen Praxis hat zu einer Verschiebung in den sozialen Beziehungen und Erwartungen geführt, aber keine war für sich genommen dramatisch genug, um am Anfang Kontroversen auszulösen.

Unkontrollierte Durchsetzung oder:
Medizin als Subpolitik

Es gehört zum Selbstverständnis demokratisch verfaßter Gesellschaften, daß zentrale Fragen, die die Zukunft dieser Gesellschaft betreffen, qua politischer Willensbildung öffentlich ausgehandelt werden. Tatsächlich aber haben mit der Entwicklung der modernen Technik Prozesse eingesetzt, die darauf hinauslaufen, daß zentrale Fragen der Gestaltung menschlichen Zusammenlebens gewissermaßen durch die Hintertür technischer Vorgaben durchgesetzt werden, längst bevor Parlament, Parteien und die sonstigen demokratischen Instanzen darauf Einfluß nehmen können. Technik, Medizin und nicht zuletzt die neuen Fortpflanzungstechnologien werden zu Trägern einer unkontrollierten »Subpolitik«.

»Die Medizin verfügt... aufgrund ihrer Handlungsstruktur über einen *Freifahrtschein* zur Umsetzung und Erprobung ihrer ›Innovationen‹. Sie kann öffentliche Kritik und Debatten darüber, was ein Forscher darf und nicht darf, immer schon mit einer *Politik der ›vollendeten Tatsachen‹* unterlaufen... Es gibt der sozialen Struktur nach in der Subpolitik der Medizin kein Parlament, keine Exekutive, in denen die Entscheidung im vorhinein auf ihre Folgen untersucht werden könnte. Es gibt sogar keinen sozialen Ort der Entscheidung... Dies gilt es sich genau vor Augen zu halten: In den durchbürokratisierten, entwickelten Demokratien des Westens wird alles und jedes auf seine Rechtsförmigkeit, Zuständigkeit, demokratische Legitimation hin durchleuchtet, während es gleichzeitig möglich ist, an allen bürokratischen und demokratischen Kontrollen vorbei, entscheidungsverschlossen und unter dem Hagel der allgemein werdenden Kritik und Skepsis in außerparlamentarischer Normalität die Grundlagen des bisherigen Lebens und der bisherigen Lebensführung außer Kraft zu setzen.«[7]

Die Fortpflanzungstechnologien bieten manch anschauliches Beispiel für diese Entwicklung. Denn die Kommissionen, die ihre Anwendung regeln sollen, werden typischerweise dann eingesetzt, wenn das Faktum schon geschaffen ist – also wenn das erste Retortenbaby schon gezeugt ist usw. Damit ist aber ein wesentlicher Schritt in die Eigendynamik schon getan. Denn die Arbeitsweise solcher Kommissionen beruht auf einem impliziten Fortschrittsmodell, wonach nicht die Neuerung, sondern das Aufhalten der Neuerung begründungspflichtig ist. Unter den gegebenen Bedingungen ist es aber kaum möglich, ein eindeutiges und allgemein akzeptiertes Begründungskriterium zu finden, das für ein Aufhalten der Neuerung spricht.

Woher sollte ein solches Veto denn kommen? Die Juristen messen die Neuerung am Maßstab des Rechts, also: sind die mit der Fortpflanzungstechnologie eröffneten Möglichkeiten vereinbar etwa mit den Bestimmungen des Grundgesetzes? Widersprechen z. B. Leihmutterschaft oder Retortenzeugung der Würde des Menschen? Solche Fragen führen in komplizierte Abwägungsprozesse hinein. Zwischen dem, was die Gesetzgeber an Möglichkeiten vor Augen hatten, und dem, was die Pioniere der Fortpflanzungstechnologie uns an Möglichkeiten beschert haben, ist eine weite Kluft. So bleibt in der Praxis ein großer Interpretations- und Auslegungsspielraum, und das wiederum hat zur Folge, daß unterschiedliche Juristen zu unterschiedlichen Einschätzungen kommen – wie sich sehr deutlich z. B. beim Deutschen Juristentag 1986 gezeigt hat.[8] Ein solcher Interpretationsspielraum wirkt sich aber weit eher für als gegen ein Akzeptieren der Neuerung aus. Denn wie etwa der Jurist MAYER-MALY schreibt, »partielle Offenheit für Wertungswandel gehört zur Struktur des Rechts«. Ändern sich die technisch-zivilisatorischen Rahmenbedingungen, kann auch ein Wandel der Überzeugung einsetzen, dem sich das Recht dann anzupassen hat.

Und ähnlich bei den Theologen und Ethikern: Auch hier zeigt sich eine weite Kluft zwischen den allgemeinen Prinzipien von Religion und Ethik und den modernen Errungenschaften der Naturwissenschaft. Wie etwa bringt man welche Stellen der Bibel mit der In-vitro-Fertilisation zusammen? Ist diese verwerflich, weil Masturbation voraussetzend – oder erlaubt, weil Erfüllung des uralten Gebots, dem »Mehret euch«, dienend? Oder muß man differenzieren, zwischen der Anwendung im homologen und im heterologen System unterscheiden? Es gibt viele Interpretationen und nicht wenige Kontroversen, divergierende Stellungnahmen innerhalb wie zwischen den Religionen, ähnlich auch kontroverse Stellungnahmen und Standpunkte im Bereich der Ethik. Wo aber ein solcher Unsicherheitsspielraum besteht, da ist zu erwarten, daß im weiteren Verlauf die Macht des Faktischen sich durchsetzt und die Neuerung akzeptiert wird. Frei nach SHAKESPEARE: Erlaubt ist, was gefällt.

Technologischer Kolonialismus oder: Die Verdrängung anderer Weltbilder und Werte

Die Angebote neuer Technik sind Teil jenes umfassenden Rationalisierungsprozesses, der zum Projekt der Moderne gehört und der auf die Verwissenschaftlichung immer weiterer Handlungsbereiche abzielt. Im Zuge dieser Entwicklung werden eingespielte Verhaltensweisen zunehmend suspekt. Die »Entzauberung der Welt« (MAX WEBER) schreitet voran. Richtig ist jetzt, was neu ist, was modern ist, was mit der Beweiskraft der Wissenschaft kommt. Mit diesen Prämissen wird das Handlungsfeld folgenreich umdefiniert. »Zwar eröffnet die Wissenschaft immer auch neue Handlungsmöglichkeiten, aber sie schließt andere aus. Diejenigen, die sie selbst eröffnet, gelten als rational, während eine Berufung auf Ethik ihnen gegenüber durchweg schwierig wird.«[9]

Wie wir wissen, verläuft diese Entwicklung freilich nicht gradlinig. Je nach sozialen Gruppen, Schichten, Milieus ergibt sich ein eigenes Bild. Formen der Lebensplanung, der kontrollierten und disziplinierten Lebensführung, die bei den einen sich längst durchgesetzt haben, werden anderswo am Horizont eben erst sichtbar. Entsprechend werden auch die Angebote der Fortpflanzungstechnologie nicht überall die gleiche Aufnahme finden. Bei manchen Gruppen wächst schnell die Bereitschaft zur Nutzung, bei anderen wird anfangs eher Mißtrauen und Zögern vorherrschen. Die pränatale Diagnose liefert ein anschauliches Beispiel: Hier sind es, wie die empirischen Daten anzeigen, vor allem Frauen der Mittelschicht, mit guter Ausbildung und gutem Beruf, die das Angebot annehmen. Und es sind Frauen der Unterschicht, der Einwanderergruppen, der ethnischen Minderheiten, die auf die pränatale Diagnose eher reserviert reagieren.[10]

Wenn das aber stimmt, dann ergibt sich: Die neuen Technologien sind im sozialen Raum nicht neutral, sondern – in einem verdeckten, aber deswegen nicht weniger wirksamen Sinn – parteiisch. Sie werden nämlich zum Verbündeten jener, die in ihrem Lebensstil die Gebote der Rationalisierung und Planung am meisten verinnerlicht haben – die ihre Berufskarriere zielstrebig aufbauen, die Gesundheitsvorsorge effektiv nutzen, über Bausparen und Rentenmodelle Bescheid wissen. Das sind diejenigen bekanntlich, die zur Mittelschicht zählen, eine qualifizierte Ausbildung haben, über einen gewissen materiellen Wohlstand verfügen.

Was aber ist mit denen, die zu den sogenannten Randgruppen zählen, dem Lebensstil der Rationalisierung noch weniger angepaßt sind? Sie werden vermutlich auch zurückbleiben bei jener Umformung des Verhaltens, die in der Fortpflanzungs- und Gentechnologie angelegt ist, also beim reflektierten (kontrollierten, disziplinierten) Umgang mit dem eigenen Körper und Leben. Sie werden damit noch mehr als Außenseiter, unaufgeklärt, verdächtig erscheinen. Sie werden vermutlich mit Sanktionen belegt, mit sanftem oder weniger sanftem Druck, damit schließlich auch sie dem Fortschrittspfad folgen. Historische Beispiele gibt es genug – erinnert sei z. B. ans ausgehende 19. Jahrhundert, als Ärzte und Frauen des gehobenen Bürgertums sich bemühten, Regeln der Hygiene und Säuglingspflege den Arbeiterfrauen nahezubringen. Maßnahmen der »fürsorglichen Belagerung«[11] waren damals die Folge. Ähnliche Tendenzen mögen bald im Bereich von Fortpflanzung, Verhütung und Schwangerschaftsvorsorge aufkommen. Erste Beispiele sind aus den USA schon bekannt: Kürzung der Sozialhilfe, wenn die Armen nicht »verantwortungsbewußt« handeln, sondern »ungehemmt« Kinder bekommen; keine Versicherungsleistungen für das behinderte Kind, wenn die Mutter sich nicht der pränatalen Diagnose unterzog; strafrechtliche Maßnahmen, um die Lebensführung der Schwangeren zu kontrollieren – zwar allgemein formuliert, aber in der Praxis ganz deutlich auf die »rückständigen« Randgruppen zielend. (So sind in 80 Prozent der Fälle, wo Richter gegen den Willen der Schwangeren einen Kaiserschnitt anordnen, schwarze Frauen oder Frauen asiatischer

Herkunft betroffen.)[12] Dies alles beruht nicht auf finsterer Verschwörung, nein, im Gegenteil: ist oft mit sozialen Motiven gepaart – ein Knäuel von Herrschaftsinteressen und fürsorglicher Absicht, sozialstaatlicher Unterstützung und bürokratischen Regelmaßnahmen.

Die Brisanz dieser Situation zeigt sich besonders deutlich in den USA, wo es eine Vielfalt ethnischer und kultureller Minderheiten gibt. Dies erzeugt nicht zuletzt in der genetischen Beratung viele Konfliktlinien: »Auf Frauen, die zur genetischen Beratung kommen, werden je nach sozioökonomischem Status sanfte oder weniger sanfte Formen des Drucks ausgeübt. Die Reproduktionstechnologien, die im Rahmen staatlich finanzierter Programme angeboten werden, werden von armen und farbigen Frauen in der historischen Tradition der Eugenik und Bevölkerungskontrolle wahrgenommen. Oft werden die Bedeutungen und Werte, die sich mit Kinderhaben und Abtreibung verbinden, ausgespielt zwischen einem weißen, gutausgebildeten genetischen Berater und einer armen Frau farbiger oder hispanischer Herkunft, und dies vor einem Hintergrund von Mißtrauen, Kontrolle und ungleicher Machtverteilung.«

Für Frauen, die einer Minderheitsgruppe angehören oder wenig Geld haben, wird vor allem oft folgender Konflikt spürbar: »In vielen Kulturen glauben die Menschen, daß sie wenig Kontrolle über ihr Schicksal haben oder daß sie in den Willen Gottes nicht eingreifen sollten. Zum Beispiel glauben viele Menschen aus Südostasien, daß die Amniozentese in die natürliche Auswahl der Bevölkerung eingreift, die bei ihnen als heilig gilt. Gläubige Katholiken sehen Behinderung oft als Gottes Fügung an. Statt davon auszugehen, daß alle Kulturen dieselben Einstellungen teilen, ist es wichtig zu erkennen, welche kulturelle Vielfalt es gibt.«[13]

Der Allgemeincharakter der Durchsetzung oder: Wir alle sind betroffen

»Die sozialen Probleme technischer Dynamik folgen aus der Erweiterung legitimer Handlungsspielräume.[14] Wo neue Handlungsmöglichkeiten eröffnet werden, geraten auch die Standards des Handelns in Bewegung. Was in der Vergangenheit zunächst als unmöglich, dann als frevelhaft galt, wird zur Gegenwart hin erst zum Neuen, dann zum Normalen und in Zukunft vielleicht zum gesetzlich vorgeschriebenen Weg. Verschiedene Bedingungen tragen zu diesem Prozeß bei:

»Appetit [wird] geweckt von der *Möglichkeit*«[15]: Es gehört zum Charakter der neuen Technologien, daß sie neue Bedürfnisse schaffen und damit ihren Anwendungsbereich, ihren »Markt« ständig erweitern.

»Vertraute, seit je erstrebte Zwecke mögen bessere Befriedigung durch neue Techniken finden, deren Entstehung sie eingegeben haben. Aber ebenso – und zunehmend typisch – mögen umgekehrt neue Techniken neue Zwecke, an die niemand je zuvor gedacht hat, eingeben, erzeugen, sogar aufzwingen, einfach durch das Angebot ihrer Ausführbarkeit. Wer hatte je den Wunsch, große Oper oder offene Herzchirurgie oder Leichenbergung von einer Flugzeugkatastrophe in seinem Wohnzimmer vorgeführt zu haben (von der mitgelieferten Reklame für Seifen, Kühlschränke und Damenbinden zu schweigen)? oder seinen Kaffee aus Papierbechern mit Einmalgebrauch zu trinken? oder künstliche Insemination, Retortenbabys und Gastschwangerschaften zu haben? oder Klone von sich selbst und anderen herumlaufen zu sehen?

Technologie also fügt den Gegenständen menschlichen Begehrens und Bedürfens neue und neuartige hinzu, ja ganze Gattungen solcher Gegenstände – und vermehrt damit auch ihre eigenen Aufgaben. Der letzte Punkt zeigt das Dialektische oder Kreisförmige des Falles an: Zwecke, die zunächst ungebeten und vielleicht zufällig durch Tatsachen technischer Erfindung erzeugt wurden, werden zu Lebensnotwendigkeiten, wenn sie erst einmal der sozialökonomischen Gewohnheitsdiät einverleibt sind... ›Fortschritt‹ ist daher nicht eine ideologische Verzierung der modernen Technologie und auch nicht bloß eine von ihr angebotene Option, die wir ausüben können, wenn wir wollen, sondern ein in ihr selbst angelegter Antrieb.«[16]

»Das langfristige Interesse der Reproduktionsmedizin zielt auf die Umwandlung der Heilungstechniken in allgemeine Zeugungsverfahren.«[17] Als typisches Verlaufsmuster beginnt sich abzuzeichnen: Neue biomedizinische Hilfen werden zunächst eingeführt, um bei einem eng definierten Katalog von eindeutigen »Problemfällen« Leiden abzuwenden oder zu mildern. Dann setzt eine Übergangs- und Gewöhnungsphase ein, in deren Verlauf der Anwendungsbereich immer weiter ausgedehnt wird. Das Endstadium ist absehbar: Alle Frauen und Männer werden als potentielle Klienten definiert – jetzt freilich nicht mehr, um direkte Gesundheitsschäden abzuwenden, sondern wegen der »Effektivitätsvorzüge« des technischen Zugriffs über die Zufälle, die Unberechenbarkeit und Störanfälligkeit der Natur. So sind schon zahlreiche chirurgische Eingriffe an den Fortpflanzungsorganen der Frau marktförmig ausgeweitet und immer mehr zu selbstverständlichen Routine-Maßnahmen geworden. Gebärmutterentfernung, Kaiserschnitt und Dammschnitt sind bekannte Beispiele dafür. Und eine ähnliche Vermarktung deutet sich auch bei den neuen Fortpflanzungstechnologien an:

So haben sich die Indikationen für In-vitro-Befruchtung innerhalb weniger Jahre vervielfacht und sind unscharf, ja praktisch unbegrenzt geworden.[18] Anfangs war die In-vitro-Befruchtung ein ganz spezielles Verfahren für diejenigen Frauen, die keine Eileiter mehr hatten oder deren Eileiter blockiert waren. Inzwischen aber wird die In-vitro-Befruchtung auch angewandt bei Paaren, wo die Fortpflanzungsorgane der Frau völlig gesund sind, aber die Sperma-Qualität des Mannes ungenügend ist. Ja mehr noch, die In-vitro-Fertilisation wird inzwischen als Verfahren der »letzten Chance« angeboten, also für all diejenigen Paare, bei denen die Ursachen der Unfruchtbarkeit medizinisch ungeklärt sind. Und die Entwicklung geht weiter. Schon stellen einige Experten die In-vitro-Befruchtung mit Embryo-Bewertung als Idealmethode der Zukunft dar, um die Frühdiagnose und Verhinderung genetischer Anomalien zu erreichen.[19] Schon hat der Leiter des Kieler Embryo-Transfer-Teams geäußert, es sei problematisch, daß beim Menschen auch minderwertiges Sperma benützt wird. Würden nämlich die Qualitätsnormen aus der Rinderproduktion angewandt, würden diese nur von jedem zehnten Mann erfüllt (worauf dann der Zusatz folgte, daß Bullen mit minderwertiger Spermaqualität auf dem Schlachthof landen).[20] Schon werden In-vitro-Befruchtung und Gefrierembryos als Mittel vorgeschlagen, um den zeitlichen Abstand zwischen den Kindern exakt planen zu können.[21] Schon gibt es immer mehr Männer, die vor der Sterilisation Samen bei der Samenbank deponieren – für »alle Fälle«, falls sie es sich eines Tages doch anders überlegen sollten.[22] Schon fragen Ehepaare, ob ein anderer Mann als der Ehemann Sperma zur Verfügung stellen könnte, da sie mit dem Aussehen oder der Persönlichkeit des Ehemannes nicht zufrieden sind. Ähnlich haben Frauen um die Verwendung der Eier anderer Frauen gebeten, weil sie in irgendeinem Punkt nicht mit sich selbst zufrieden waren.[23]

Von der Behandlung der Unfruchtbarkeit führt der Weg in die Rationalisierung der Fortpflanzung. Dabei »zwingt uns niemand zu Mißbrauch«, wie die Verfechter solcher Technologien sagen. Das mag sein (zur Zeit jedenfalls). Aber der entscheidende Punkt liegt an anderer Stelle: Die Grenzen zwischen Brauch und Mißbrauch werden fließend und unscharf, verändern sich unterderhand. Wer soll da noch entscheiden, was eben noch »angemessen« ist, was schon »zu weit« geht?

Durchsetzung unter Druck oder: Von der Verheißung zum Zwang?

»...die Nutzung dieser Techniken bleibt keineswegs nur die Option des Einzelnen. Sie kehrt sich als Vehikel sozialen Zwanges gegen ihn.«[24] Was sich hier abzeichnet, ist die Vision einer fernen oder auch gar nicht so fernen Zukunft, wo die neuen Möglichkeiten sich in ihr Gegenteil umkehren, in indirekten oder direkten Zwang.

»Ist diese oder jene Möglichkeit erst einmal... eröffnet und durch Tun im kleinen entwickelt worden, so hat sie es an sich, ihre Anwendung im großen und immer größeren zu erzwingen und diese Anwendung zu einem dauernden Lebensbedürfnis zu machen... Mit jedem neuen Schritt (=›Fortschritt‹) der Großtechnik setzen wir uns schon unter den Zwang zum nächsten und vermachen denselben Zwang der Nachwelt...«[25]

Die Fragen der neuen Fortpflanzungstechnologien sind »für alle Frauen von Bedeutung... Ob wir Kinder wollen oder kinderlos bleiben möchten; ob wir über das gebärfähige Alter hinaus sind; gleichgültig, wie wir unsere Sexualität leben – wir *alle* laufen Gefahr, Retorten-Frauen zu werden – wir alle laufen Gefahr, einer Unzahl von Kontrollen unterworfen zu werden: angefangen von technologischen Eingriffen, wenn wir schwanger sind, über gesetzliche Vorschriften, die den Fötus und die

Frau, die ihn trägt, zu zwei verschiedenen ›Patienten‹ erklären, bis hin zu Arbeitsplatzbestimmungen, durch die weibliche Arbeitnehmerinnen gezwungen werden, sich sterilisieren zu lassen.«[26]

Wer meint, dies Bild sei zu pessimistisch, der betrachte die folgenden Beispiele. Zu den Verheißungen, die uns heute offeriert werden, gehört etwa die Vision einiger Forscher, die die Fortpflanzungstechnologien als Königsweg der Familienplanung anpreisen: »Eltern könnten bald in der Lage sein, totale Familienplanung zu betreiben, von der Kontrolle über die Größe der Familie bis hin zum Geschlecht des Nachwuchses und der Aufeinanderfolge von männlichen und weiblichen Kindern.«[27] Ähnlich gibt es populärwissenschaftliche Bücher, die in den Biotechnologien die große Chance sehen für Selbstbestimmung und Freiheit: »Die moderne Wissenschaft verspricht, die Definition dessen, was Mutter, Vater, Familie ist, ja sogar dessen, was menschliches Leben ist, in unsere Hände zu legen. Wir werden nicht nur über das Ob und Wann entscheiden, sondern auch darüber, wessen Eizellen oder Samenzellen verwendet werden, wo die Befruchtung stattfinden soll, in wessen Bauch der Fötus bis zur Geburt heranwachsen soll, welches Geschlecht er haben soll, welche Defekte Abtreibung oder Korrektur erforderlich machen, und schließlich auch, welche genetischen Verbesserungen in bezug auf Intelligenz, Charakter, Aussehen wir wollen.«[28]

Solche Verheißungen haben freilich einen unangenehmen Beigeschmack. Denn die Geschichte der Technik hat auch gelehrt, wie schnell Möglichkeiten sich in ihr Gegenteil kehren – in Zwang. Aus der Familienplanung total wird dann die überwachte und sozial regulierte Familie. Dabei gibt es eine ganze Palette von Eingriffsformen, milde und weniger milde: vom »Mythos der Freiwilligkeit«[29], sprich Informationssteuerung, gelenkter »Aufklärung« und »Beratung« bis hin zu Kontrollen, Sanktionen und Strafen. Am Ende mag dann das stehen, was der bekannte Genetiker BENTLEY GLASS angekündigt hat: »Unbegrenzter Zugang zu einer staatlich regulierten Abtreibung in Verbindung mit den gegenwärtig perfektionierten Techniken zur Entdeckung von Chromosomenanomalien... wird uns von einigen Prozent aller Geburten befreien, die heute unkontrollierte Defekte darstellen... Kein Elternpaar wird in dieser Zukunft das Recht haben, die Gesellschaft mit einem mißgestalteten oder geistig unfähigen Kind zu belasten.«[30]

Das Fortschreiten des Fortschritts, von den Befürwortern der neuen Technologien dem Bereich der individuellen Entscheidung zugewiesen, wird also von den Kritikern dieser Entwicklung ganz anders gesehen, nämlich als ein *Prozeß der sozial verfestigten Zwangsläufigkeit*. Was dies im Konkreten bedeutet, soll im folgenden an zwei Beispielen dargestellt werden: an der Pille und an den neuen Wegen der Unfruchtbarkeitsbehandlung.

2. Die Pille: Von der Möglichkeit zur Pflicht der Verhütung?

Der Versuch, ungewollte Schwangerschaften zu vermeiden, ist fast so alt wie die Menschheitsgeschichte. Doch während die früher angewandten Methoden meist nicht sehr zuverlässig waren, stehen seit der zweiten Hälfte des 20. Jahrhunderts Möglichkeiten zur Verfügung, die zum ersten Mal einen fast 100 Prozent sicheren Empfängnisschutz bieten. Damit ist es möglich geworden, viele Formen des Leids abzuwenden: die ständige Angst vor ungewollter Schwangerschaft, die in der Vergangenheit viele Ehe- und Liebesbeziehungen belastet hat; oder im Fall einer »Panne« die Probleme der ledigen Mutter, der Muß-Ehe oder der Abtreibung.

Der Vorteil der neuen Verfahren liegt also auf der Hand. Und doch ist, nachdem sie zunächst von vielen dankbar begrüßt wurden, in den letzten Jahren ein deutlicher Stimmungsumschwung zu spüren. Exemplarisch dafür ist die Haltung der Frauen, die zur Frauenbewegung und Frauenforschung gehören. Während viele von ihnen die Pille zunächst als Befreiung aus den Zwängen der Biologie sahen, als Erweiterung des Selbstbestimmungsrechtes der Frau, hat sich inzwischen eine weitaus kritischere Sichtweise durchgesetzt. Denn sichtbar wurden allmählich die »Nebenfolgen«. Da ist zunächst das Gesundheitsrisiko (von Kopfschmerzen über Übelkeit bis zur Gewichtszunahme), das mit der Pille verbunden ist und einseitig der Frau zugewiesen wird, obwohl Sexualität doch beide Geschlechter betrifft. Hinzu kommen Veränderungen im Bereich der Sexualität, die durch die Pille eingeleitet bzw. vorangetrieben wurden und die ebenfalls stärker zu Lasten der Frau gehen. Jetzt nämlich wird die Frau leichter (weil »folgenlos«) verfügbar, der Mann dagegen mehr als früher der Verantwortung enthoben. Dadurch verstärkt sich nicht selten der sexuelle Erwartungsdruck, bis hin zur »Wegwerfbeziehung« mit der Frau als Objekt: »Die befreiende Pille wird zur zwanghaften Pille. Die positive Möglichkeit, ohne Angst vor einer Schwangerschaft Geschlechtsverkehr haben zu können, schlägt um in Zwang, Geschlechtsverkehr haben zu müssen.«[31]

In den Blickpunkt der Öffentlichkeit rückte die Pille freilich mehr aus einem anderen Grund, nämlich wegen der sinkenden Geburtenzahlen. Der drastische Geburtenrückgang seit Mitte der 60er Jahre, in Politik, Wissenschaft, Öffentlichkeit viel diskutiert, wurde in den Medien schnell auf ein griffiges Stichwort gebracht und damit erklärt: Der »Pillenknick« geriet in die Schlagzeilen. Dem hielten Bevölkerungsforscher freilich entgegen, die Pille sei nur ein Mittel zum Zweck und Mittel würden nur dort eingesetzt, wo auch entsprechende Zwecke, Wünsche, Motivationen existieren. Inzwischen aber zeichnet sich ab, daß in den 60er Jahren tatsächlich auch neue Motivationen aufkamen, und zwar nicht zuletzt ausgelöst durch tiefgreifende Veränderungen im Leben der Frau.[32] Wenn diese Deutung stimmt, dann hat die Pille den Geburtenrückgang zwar nicht verursacht, aber doch wesentlich zu ihm beigetragen, eben weil zum Zeitpunkt ihrer Verfügbarkeit auch die Zwecke sich änderten, oder anders gesagt: weil genau da Zwecke *und* Mittel zusammentrafen.

Darüber hinaus hat die Geschichte der Technik vielfach gezeigt, daß eine neue Technik nicht neutral ist, sondern ein ganzes Programm sozialen Wandels in sich birgt. So entsteht mit der Pille z. B. ein neuer Handlungsdruck: »Mußte man sich früher relativ mühsam um empfängnisverhütende Mittel kümmern, wenn man keine Kinder wollte, so muß man sich heute meist bewußt dafür entschließen, diese Mittel abzusetzen, wenn man Kinder will. Der Entscheidungsprozeß läuft in der Regel jetzt umgekehrt.«[33] Und unter dem Eindruck neuer Möglichkeiten der Geburtenkontrolle verändern sich auch die Einstellungen, Normen, Erwartungen auf diesem Gebiet. Man kann annehmen, daß die Entwicklung etwa folgendermaßen verläuft: Indem die Pille enorm schnell in die Schlagzeilen der Massenmedien rückt und zu vehementen Diskussionen in der Öffentlichkeit führt, wird auch ein Bewußtseinsprozeß ausgelöst. Jetzt wird bis ins letzte Dorf hinein sichtbar, daß die Biologie nicht mehr Schicksal ist, daß es vielmehr Optionen gibt, nämlich die Entscheidung für oder gegen ein Kind. Und im Wechselspiel der Fragen, Standpunkte, Argumente, die in der öffentlichen Diskussion ausgetauscht werden, verschieben sich allmählich die Gewichte der »Beweislast«. Unterderhand bahnt sich eine Veränderung der gesellschaftlich vorherrschenden Moral an. Aus dem Entscheidenkönnen wird jetzt die *Pflicht* zur bewußten Entscheidung. Oder noch pointierter gesagt, aus der Verhütungstechnologie wird die Verhütungsideologie.

»Die neue Moral heißt bewußte, rationale, technisch-sichere Verhütung. Ihr Leitbild ist der aufgeklärte moderne Mensch, der verantwortungsbewußt mit dem Akt der Zeugung umgeht... Fast wird derjenige verdächtig, der im Zeitalter der unbegrenzten Verhütungsmöglichkeiten keinen Gebrauch davon macht. Verhütung wird vom notwendigen Übel zur aufgeklärten Staatsbürgerpflicht.«[34]

»Und was ist dann mit der Entscheidungsmöglichkeit, die Fruchtbarkeit *nicht* zu kontrollieren?«[35] Die Befürworter der neuen Fortpflanzungstechnologien sprechen nur von Wahlmöglichkeiten, die sie eröffnen. Aber bei genauerer Betrachtung wird sichtbar, daß sich damit immer auch Wahlmöglichkeiten *verschließen*. Denn wo das Verhüten und Planen zur gesellschaftlichen Normal-Lebensform wird, da wird bald suspekt (naiv, rückständig, irrational, wie immer die Etikettierungen heißen), wer *nicht* plant, *nicht* verhütet, sich *nicht* ins Standardbild der Kleinfamilie einfügt. Kurz, das Nichtverhüten wird jetzt sozial stigmatisiert.

»Eine Frau, die ich jeden Sommer sehe, war dieses Jahr schwanger. Wieder. Es war ihr viertes Baby innerhalb von fünf Jahren. Ich weiß, daß sie Geldprobleme hat (und wer hätte das nicht mit vier Kindern?). Ich weiß, daß sie überarbeitet und erschöpft ist... Vier Babies, dachte ich. Um Gottes willen. Und dann redeten wir miteinander. Sie ist ein klassischer Fall: die Frau, die bei jeder Verhütungsmethode schwanger wird, auch wenn sie diese völlig korrekt anwendet. Bei dieser Schwangerschaft sagte der Arzt: ›Kommen Sie, ich mache sofort eine Abtreibung, und dann können Sie nach Hause gehen und sind nicht mehr schwanger, und Sie können das Ganze vergessen.‹ Sie war in Versuchung, in großer Versuchung. Aber nein, sie entschied sich gegen eine Abtreibung... Sie hatte eine Entscheidung getroffen, eine unpopuläre Reproduktionsentscheidung, eine, die auch in ihrem Freundeskreis sozial nicht unterstützt wurde... Während wir uns einerseits Sorgen darüber machen – und zwar begründete Sorgen –, wir könnten die Möglichkeit legaler Abtreibung verlieren, müssen wir auch die Möglichkeit, nicht abzutreiben, verteidigen...

Durch die Möglichkeit, zu verhüten, ist gleichzeitig die Möglichkeit, sich für eine große Familie zu entscheiden, erschwert worden. Die nordamerikanische Gesellschaft ist ganz auf kleine Familien eingerichtet, wenn überhaupt auf Kinder. Alles und jedes – vom Auto und der Größe der Wohnung bis zur idealen Bilderbuchfamilie – spricht für eine Beschränkung der Fruchtbarkeit. Ohne gute ärztliche Versorgung, ohne Kindertagesstätten und angemessene Wohnungen sind Kinder ein Luxus – schön, wenn man sie sich leisten kann... Muß die Wahlmöglichkeit, nicht mit ewigen Schwangerschaften belastet zu sein, damit bezahlt werden, daß die Möglichkeit verlorengeht, sich für eine größere Familie zu entscheiden?«[36]

Hinzu kommt – und dies verschärft noch die soziale Brisanz –, daß die Angebote zur Geburtenkontrolle häufig klassen- und gruppenspezifisch gewandt werden, also sehr selektiv auf bestimmte Bevölkerungsgruppen abzielen. Dies zeigt sich besonders drastisch in Ländern, wo Gruppen unterschiedlicher ethnischer und kultureller Zugehörigkeit leben, und vor allem auch: wo diese Gruppen sich unterscheiden nach Status und Macht. Ein anschauliches Beispiel dafür bieten die USA. Dort wurde schon früh an Maßnahmen gedacht, um die Vorrangstellung der im Land geborenen weißen Bevölkerungsgruppe zu erhalten, während andere Gruppen – Einwanderer, Schwarze, Indianer – ihre Fortpflanzung einschränken sollten.

»Klassenvorurteile und Rassismus schlichen sich in die Familienplanungsbewegung ein, als diese noch in den Anfängen war. Unter denjenigen, die für Familienplanung eintraten, setzte sich immer mehr die Auffassung durch, die Frauen der Armen, Schwarze ebenso wie Einwandererfrauen, hätten eine ›moralische Verpflichtung, die Kinderzahl zu begrenzen‹. Was als ›Recht‹ für die wohlhabenden Mittelschichtfrauen verlangt wurde, wurde für die Armen als ›Pflicht‹ interpretiert.«[37]

3. Neue Wege der Unfruchtbarkeitsbehandlung: Von der Hoffnung zur Last?

In den letzten Jahren sind zahlreiche Verfahren entwickelt worden, um Unfruchtbarkeit zu behandeln. Hierher gehören Methoden wie die Hormonbehandlung, die inzwischen schon zur Routine gynäkologischer Praxis gehört, und ebenso Methoden wie In-vitro-Fertilisation, die zur Zeit noch als spektakulär gelten, aber vielleicht bald schon in die Rubrik des Normalen fallen. Ob nun konventionelle oder spektakuläre Methoden, gemeinsam ist allen der gute Zweck, dem sie dienen. Geholfen werden soll denjenigen Paaren, die sich sehnlichst, aber erfolglos ein Kind wünschen. Auf dem Umweg über den medizinischen Eingriff wird ihnen der Leidensdruck abgenommen, und das glückliche Familienleben kann beginnen.

So jedenfalls sieht das Bild aus, das die Schrittmacher dieser Entwicklung zeichnen. Aber stimmt es auch wirklich? Um dies beurteilen zu können, muß man mehr wissen über die angewandten Verfahren, als wir aus den Erfolgsmeldungen der Massenmedien erfahren. Im folgenden geht es darum, einige zusätzliche Informationen zu liefern, die das Bild vollständiger machen, um von daher dann nach den Folgen für die Betroffenen zu fragen.

Da sind zunächst diejenigen Verfahren, die heute zum Standardrepertoire der Unfruchtbarkeitsbehandlung gehören, also Temperaturmessung und Hormonbehandlung. Bereits hier wird Sexualität sehr weitgehend – im »Idealfall« wohl ganz – der ärztlichen Kontrolle unterstellt. Sie wird gleichermaßen Pflichtübung und Leistungssport, streng nach technischen Anweisungen zu absolvieren (wann, wann nicht, wie oft, in welcher Stellung). So wird Sexualität reguliert und diszipliniert, reduziert auf einen bloß noch biologischen Akt. Was auf diesem Weg verlorengeht, sind die anderen, »überschüssigen« Momente, diejenigen von Sinnlichkeit, Spontaneität und Gefühl. Aus Lust wird Frust: Unter dem Zwang des Funktionierens leidet die eigene Person wie die Beziehung zum Partner.[38] Dazu zwei Erfahrungsberichte:

»Das Schlimmste an der Unfruchtbarkeit ist die Liebe nach Plan. Das nimmt alle Spontaneität weg. Ich hatte eine Phase, da wollte ich mit ihm nur an den fruchtbaren Tagen zusammensein. An den anderen Tagen schien es nutzlos.«
»Irgendwann kam ein Stadium, wo's mit unserer Sexualität völlig bergab ging. Sie zählte wirklich nicht mehr viel. Sie war ein bißchen klebrig und nicht sehr aufregend; ein bißchen angespannt. Ich hatte sie voll organisiert.«[39]

Geht man weiter zu den verschiedenen Verfahren der höheren Medizintechnologie, so kommen, neben der Regulierung der Sexualität, noch eine Reihe weiterer Momente hinzu. Die angewandten Verfahren sind langwierig und zeitintensiv, kostspielig, mit erheblichen Gesundheitsrisiken und emotionalen Belastungen verbunden. Dazu eine Beschreibung der einzelnen Etappen bei der In-vitro-Befruchtung:

Es beginnt mit Hormonstimulierung, die »durch ständige Laborkontrollen überwacht« wird. Bei festgestelltem Hormonanstieg erfolgt dann die Eientnahme, wobei »der Bauch aufgeschnitten werden [muß] wie bei einer Operation«. Da dies stets eine Narkose erforderlich macht, was schon zu »tödlichen Zwischenfällen« geführt hat, wird heute häufig ein anderes Verfahren gewählt, nämlich Eizellengewinnung über die Scheide. Genau nach Zeitplan, nämlich vier Stunden später, »wird durch Masturbation das Sperma gewonnen, was viele Männer als Peinlichkeit empfinden«. Nach der Befruchtung im Reagenzglas erfolgt die »Qualitätskontrolle für Embryos«, »um nur Embryonen zurückzugeben, die wenigstens äußerlich regelrecht erscheinen«. Dazu wird durch Überprüfung im Mikroskop die »Eignung benotet und mit Zensuren von 1 bis 5 versehen«. Wenn der Embryo diese »Checkliste für Embryo-Qualität« erfolgreich absolviert hat, wird er in die Gebärmutter der Frau eingebracht. Es folgen weitere Hormontests und eventuell »Hormongaben in kurzfristigen Abständen«, begleitet von ständigen Kontrollen. Dennoch bleibt vielfach die Schwangerschaft aus, oder es bleibt trotz Schwangerschaft der Kinderwunsch unerfüllt, weil es vorher zum spontanen Fruchtabgang oder zur Fehlgeburt kommt. Was man auch sehen muß, ist also »die Hoffnung und Enttäuschung, der körperliche und seelische Schmerz von Tausenden Frauen und Männern, die sich mit der Aufnahme in das Reproduktionsprogramm schon fast am Ziel ihrer Wünsche glaubten«. Und was, wenn die Schwangerschaft gut verläuft? Dann sind »für Mütter die Mühen noch nicht beendet; der Hälfte von ihnen bleibt ein Kaiserschnitt nicht erspart. Nach dieser mühevollen Behandlung soll ein Geburtsrisiko den Erfolg nicht vereiteln.« Wobei nur noch hinzuzufügen ist, daß man dafür ein erhebliches Gesundheitsrisiko für die Frau in Kauf nehmen muß, denn »der Kaiserschnitt [ist] auch heute noch drei- bis viermal so lebensgefährlich wie eine Geburt auf natürlichem Weg«.

Ein Negativbild, entworfen von Fortschrittsfeinden? Mitnichten. Nur die nüchterne Darstellung dessen, was hier und heute geschieht, beschrieben von denen, die am besten Bescheid wissen: von den Pionieren der In-vitro-Befruchtung.[40]

Bleibt die Frage, was der Erfolg solch vielfältiger Mühen ist. Die Statistiken sind ernüchternd. Der Mehrheit der Paare, die sich mit den neuen Technologien behandeln lassen, verhilft die Therapie nicht zum Kind. Dies gilt insbesondere auch für die In-vitro-Befruchtung, auf die sich so viele verzweifelte Hoffnungen richten. Hier ist die Erfolgsquote zur Zeit noch sehr niedrig: Nach offiziellen Schätzungen beträgt sie 10–15 Prozent – und die Kritiker verweisen darauf, daß diese Zahl noch erheblich geschönt sein dürfte.[41] Aber um wiederum die Befürworter zu zitieren: Bei den gegenwärtigen (Miß-)Erfolgsaussichten kann sich die schnelle Zunahme der Laboratorien, die In-vitro-Befruchtung anbieten, »als fatal für die von Kinderlosigkeit betroffenen Ehepaare erweisen«.[42]

Denn auch da, wo die Behandlungen erfolglos bleiben, bleiben sie dennoch nicht folgenlos. Den weiterhin unfruchtbaren Frauen und Männern – und sie sind die Mehrheit – wird durch den ärztlichen Eingriff der Leidensdruck nicht genommen, sondern im Gegenteil: weit eher vergrößert. Hinzu kommt für sie nämlich das, was man »iatrogenes Leid« nennen könnte, die Belastung, die verursacht wird durch die Serie medizinischer Prozeduren, durch die ständige Definition zum Patienten und Kranken. Da werden oft Selbstbild und Selbstbewußtsein beeinträchtigt, da gerät das Zusammenleben mit dem Partner unter Druck, da werden auch die Kontakte zu Freunden und Bekannten seltener, alles kein Wunder: Die aufwendigen medizinischen Behandlungen lassen immer weniger Raum für andere Interessen und Lebensbereiche.[43] Um so mehr rückt ins Zentrum des Denkens, Fühlens und Handelns das Kind – das nicht kommt. Wie JACQUES TESTART, einer der »Väter« des ersten französischen Retorten-Babys, aufgrund eigener Praxiserfahrungen schreibt:

»Was wäre aus dem Wunsch des Paares geworden, gäbe es solche Techniken nicht? Wie oft und seit jeher geschehen, hätte dieser Wunsch Wege der Sublimierung einschlagen können: den Weg der Liebe zu einem Kind, das schon geboren ist, oder auch nur zu einem Hund; oder der Wunsch hätte ins Lesen, ins Reisen oder ins künstlerische Schaffen eintauchen können... Wir wollen uns nicht die Leidensspur des umgelenkten Wunsches verhehlen... Aber warum sie immer nur der Linderung gegenüberstellen, die die Wissenschaft einigen Glücklichen bereitet? Wo bleibt bei diesem Vergleich das Leid der übrigen, zahlreicheren, unfruchtbaren Paare, ... in denen der Fortschrittslärm einen einschlummerbereiten Wunsch neu belebte und die am Ende der körperlichen und seelischen Leiden die unentrinnbare Leere des Scheiterns erfahren mußten... Zu reden ist... auch von der Not, die durch die In-vitro-Fertilisation verschlimmert wird oder gar erst entsteht... Etwas ist moralisch faul am statistischen Ausdruck des Erfolgs.«[44]

Dagegen kann man einwenden, daß es jedem ja freisteht, aus dem Kreislauf der Behandlungen auszusteigen. Aber genau dies ist – wenn man nicht nur die biologischen, sondern auch die sozialen

Abläufe sieht – weit schwerer, als es auf den ersten Blick scheint, und zwar gerade auch infolge der medizinischen Entwicklung. Denn als »Nebeneffekt« dieser Forschung wird Unfruchtbarkeit umdefiniert und auf der Zeitachse verlängert. Wenn es so viele Behandlungsmethoden gibt, warum dann nicht noch die jeweils nächste erproben?

»All diese neuen Behandlungsmethoden haben den Betroffenen auch eine neue Last auferlegt – die Last, sich immer noch mehr bemühen zu müssen. Wie viele gefährliche experimentelle Medikamente, wie viele Monate – oder sind es Jahre – mit zwanghaftem Temperaturmessen und verquältem Sex muß man denn hinter sich bringen, bis man in Ehren aufgeben darf? Wann hat ein Paar ›alles versucht‹ und darf endlich aufhören?«[45]

Wo Unfruchtbarkeit früher vorgegebenes Schicksal war, wird sie heute in gewissem Sinn zur »selbstgewählten Entscheidung«. Denn diejenigen, die aufgeben, bevor sie nicht noch die neueste und allerneueste Methode versucht haben (ein Kreislauf ohne Ende), sind nun »selber schuld«. Sie hätten es ja noch weiter versuchen können.

»An welchem Punkt ist es schlicht und einfach nicht ihre Schuld, sondern jenseits ihrer Kontrolle, ein unausweichliches Geschick? An welchem Punkt können sie ihr Leben einfach weiterleben? Wenn es immer noch einen Arzt gibt, mit dem man es versuchen könnte, und noch eine Behandlungsmethode, dann wird die soziale Rolle, die Unfruchtbarkeit mit sich bringt, immer als in gewisser Weise frei gewählt angesehen werden... Ist dadurch, daß Unfruchtbarkeit nicht mehr als unvermeidlich gilt, sondern als ›freie Entscheidung‹, tatsächlich ihre Entscheidungsfreiheit und Kontrollmöglichkeit vergrößert worden?«[46]

Zur Neudefinition von Unfruchtbarkeit tragen nicht zuletzt auch die Mediziner bei, die, um ihre aufwendigen Forschungen zu legitimieren, die besondere Bedeutung der Fruchtbarkeit herausstellen müssen. Zu ihren Standard-Argumenten gehört deshalb der Hinweis, welch zentralen Stellenwert Mutterschaft hat im Leben der Frau. Das liest sich dann so: »...für viele Frauen [ist] das eigene Kind nicht nur sehnlichster Wunsch, sondern auch ureigenstes biologisches Bedürfnis.«[47] Oder noch pointierter:

»Es ist letztlich die ureigenste Aufgabe einer Frau, ein Kind zu kriegen. Deshalb lebt eine Frau, um die Rasse, die Art jedenfalls, den homo sapiens oder homo erectus zu bewahren. Das ist ihre ureigenste Aufgabe. Alles andere, was dazukommt, Beruf und sonst etwas, das ist sekundär. Wenn eine Frau dazu nicht fähig ist, dann ist ihr eigentlicher ganzer Lebenszweck unerfüllt.«[48]

So wird aus der Fortpflanzungstechnologie die Fortpflanzungsideologie. Und was ist dann mit denjenigen Frauen, denen es nicht gelingt, diese »ureigenste Aufgabe« zu erfüllen? Müssen sie sich nicht als Versager erleben, als unfähig, minderwertig und nutzlos? Das Motto einer In-vitro-Fertilisations-Klinik lautet bezeichnend: »You 're not a failure till you stop trying.«[49] Nicht wenige werden lieber einen weiteren Behandlungsversuch wagen, als lebenslang einen solchen Stempel zu tragen. Derart erzeugen die medizinischen Eingriffe, die ihnen doch helfen sollten, neue Definitionen, ja mehr noch: Formen der *sozialen Stigmatisierung*, die sie weiter abhängig machen und einfangen in den Kreislauf der Patientenkarriere.

IV.
Vom Kinderwunsch zum Wunschkind –
im Supermarkt der Fortpflanzungstechnologien[1]

Im letzten Kapitel ging es darum, wie die Fortpflanzungstechnologien eingreifen in das Leben von Frauen und Männern, in ihre Pläne, Erwartungen, Wünsche. In diesem Kapitel stehen wieder die Fortpflanzungstechnologien im Zentrum, doch verschiebt sich der Blickwinkel. Jetzt interessiert, wie diese Technologien hineinwirken in das Verhältnis zwischen Eltern und Kind. Der Grundgedanke, vorweg als These zusammengefaßt, lautet folgendermaßen: *Je mehr diese Technologien sich durchsetzen, desto mehr verändert sich das »Anforderungsprofil«, was Elternschaft angeht*; und dies unterderhand, in vielen einzelnen Schritten, die jedoch konsequent aufeinander aufbauen. Am Ende der Entwicklung mag all das, was wir heute unter Bildung begreifen – ihre private wie ihre öffentliche Seite –, eine radikale Neubewertung erfahren. Um dieses Szenarium zu entfalten, will ich wieder in zwei Schritten vorgehen:

Ich beginne zunächst mit einer kurzen Bestandsaufnahme, die erst bei der Vergangenheit ansetzt, dann zur Gegenwart führt. Ich betrachte dabei die vielfältigen *Anforderungen und Erwartungen, die an Eltern gestellt werden*, also den kulturell vorgeschriebenen Aufwand für Kinder. Dazu gehören die Fragen: Wie hat sich dieser Bildungsanspruch historisch entwickelt? Wo sind seine Wurzeln, was sind seine Triebkräfte? Wodurch wird die Verantwortungslast der Eltern zunehmend größer? In diesem Bereich gibt es gesicherte Aussagen aufgrund der bisherigen Forschung.

Im zweiten Schritt werde ich mich auf ein unsicheres Terrain begeben und bewußt einige Spekulationen entwerfen. Ich betrachte hier zunächst das, was zur Zeit auf dem Gebiet der Fortpflanzungstechnologie geschieht und in Kliniken, Labors und Forschungsinstitutionen bereits umgesetzt wird. Ich interessiere mich dann für die Konsequenzen, die darin für Elternschaft angelegt sind. Denn als Möglichkeit deutet sich an, daß der Erwartungsdruck an die Eltern nicht nur quantitativ wächst, sondern auch qualitativ neue Formen annimmt, nämlich auf eine »*genetische Qualitätskontrolle*« des Nachwuchses abzielt. Meine provokative Frage lautet vor diesem Hintergrund schließlich: Wird die Zukunft unserer Kinder mehr durch Biotechnik bestimmt als durch Bildung?

1. Der kulturell vorgeschriebene Aufwand für Kinder

Die Entdeckung der Kindheit und der Kindererziehung[2]

In der vorindustriellen Gesellschaft gab es keine Kindererziehung im heutigen Sinn, speziell ausgerichtet auf die Bedürfnisse des Kindes, auf die Anforderungen seines Alters und seiner Entwicklung. Erst mit dem Übergang zur modernen Gesellschaft beginnt die »Entdeckung der Kindheit« (ARIÈS), schon bald verbunden mit Bemühungen, auf die kindliche Entwicklung Einfluß zu nehmen. Das Credo der neuen Einstellung zum Kind heißt, daß die Eltern durch angemessene Pflege und Erziehung zum gesunden Gedeihen des Kindes wesentlich beitragen können, ja den Grundstock legen für das gesamte spätere Schicksal.

Ein Blick auf die Sozialgeschichte des 18. und 19. Jahrhunderts zeigt, daß es vor allem zwei Bedingungen sind, die dieses neue Interesse an der Erziehung fördern. Zum einen ist dies die Epoche, in der ein schubweiser Übergang stattfindet von der traditionalen, ständisch bestimmten Gesellschaft zur industriellen Gesellschaft, die von den Gesetzen des Marktes reguliert wird. Damit wird die soziale Position mehr offen und machbar, ist nicht mehr im gleichen Maß wie früher qua Geburt festgelegt. Dadurch gewinnt wiederum Ausbildung eine immer größere Bedeutung, denn wo Positionen nicht mehr einfach vererbt werden, da wird zunehmend nach Fähigkeiten und Kenntnissen gefragt. Deshalb konzentrieren sich jetzt Erziehungsbemühungen auf das Kind, die Bildung und Ausbildung in den Vordergrund rücken: um damit die soziale Stellung zu behaupten, gegen Abstieg zu sichern und möglichst noch zu verbessern.

Zum anderen setzt mit dem Übergang zur modernen Gesellschaft immer mehr ein Fortschrittsglaube sich durch, der auf Beherrschbarkeit der Welt ausgerichtet ist. Auf vielen Gebieten kommen Experten auf, die mit theoretischen und praktischen Kenntnissen die Eroberung der Natur vorantreiben. Durch die Fortschritte, die Medizin und später auch Psychologie verzeichnen, erscheint auch die Natur des Menschen zunehmend »machbar«, beeinflußbar, verbesserungsfähig. Eine naheliegende Konsequenz ist, daß damit auch ein starkes Interesse am Kind erwacht: Es steht noch am Anfang des Lebens, ist offen und formbar. Es gibt ein ideales Betätigungsfeld ab, um – wie die neue Weltsicht es will – Einfluß zu nehmen, um gewünschte Entwicklungen zu fördern und anderen entgegenzuwirken.

Vor dem Hintergrund solcher Bedingungen beginnt, wo früher nur elementare Versorgung war, im 18. und 19. Jahrhundert (zunächst im Bürgertum, erheblich später in den unteren Schichten) das Stadium der gezielten Einflußnahme. Dazu gehören zunächst einmal Bemühungen, das Kind gegen gesundheitliche Risiken und schädliche Umweltbedingungen zu schützen. Ärztliche Ratschläge mahnen zu angemessener Ernährung und Kleidung des Kleinkindes, zu medizinischer Vorsorge und verbesserter Hygiene. Zur gezielten Einflußnahme gehören darüber hinaus die Versuche, die geistige und moralische Entwicklung des Kindes zu lenken. Eine wichtige Rolle spielt hier der Bildungsanspruch, der von der Philosophie der Aufklärung ausgeht: »Der Mensch kann nur werden durch die Erziehung. Er ist nichts, als was die Erziehung aus ihm macht« (KANT). Je mehr diese Maxime den Charakter eines kulturellen Leitbilds gewinnt, desto mehr wachsen die pädagogischen Aufgaben an. Das gesellschaftliche Lernen, die Sprache und Bildung des Kindes, seine Moral und sein Seelenheil

– all das werden jetzt Pflichten, die die Arbeit für Kinder vermehren. Wie der Pädagoge ANDREAS FLITNER schreibt: »Der ganze Anspruch der Aufklärungsphilosophie, mit ihrem Respekt vor dem Menschen als einem Subjekt unveräußerlicher Rechte, und mit ihrem Willen, in jedem Menschen ein Individuum, ein selbständig denkendes und entscheidungsfähiges Wesen zu sehen, wird nun auch dem Kind schon zuteil, zumindest prospektiv: als eine *Aufgabe der Eltern*, das Kind in solche Rechte einzusetzen.«[3] Eine neue Ära beginnt, die der bewußten Erziehungsarbeit.

Wie die neuere Geschichte der Pädagogik herausgearbeitet hat, haben diese neuen Erziehungsleitbilder freilich von Anfang an eine doppelte Wurzel. Sie sind sowohl verankert in dem Bildungsanspruch, der das Ideal der Aufklärung ausmacht, wie auch in dem Zwang der sozial mobilen Gesellschaft, über Bildung und Ausbildung die soziale Stellung zu sichern. So gewinnt Erziehung hier immer ein Doppelgesicht: nicht bloß Förderung, sondern auch früher Leistungsdruck.[4]

Die Steigerung des Anspruchs: »Optimale Startchancen« fürs Kind

Dieser Förderungsanspruch, der mit der Moderne beginnt, wird in der Folgezeit immer weiter vorangetrieben. Durch verschiedene Entwicklungen gewinnt er insbesondere in der zweiten Hälfte des 20. Jahrhunderts noch zusätzliches Gewicht. Da sind zunächst weitere Fortschritte in Medizin, Psychologie, Pädagogik, die das Kind in wachsendem Maß gestaltbar werden lassen. So werden z. B. körperliche Behinderungen, die um die Jahrhundertwende noch schicksalhaft hingenommen werden mußten, zunehmend behandelbar und korrigierbar. In der Psychologie setzt eine neue Forschungsrichtung sich durch, die noch weit stärker als früher die Bedeutung der ersten Lebensjahre betont, ja das Unterlassen von Förderung mit verlorenen Entwicklungschancen gleichsetzt. Zur gleichen Zeit wird ein deutlicher Anstieg des Einkommens verzeichnet, wodurch Förderungsmöglichkeiten, die früher einer kleinen Schicht vorbehalten waren, nun für breite Gruppen erreichbar werden. Schließlich wird auf politischer Ebene eine Bildungswerbung in Gang gesetzt, die sich auch an die bis dahin benachteiligten Gruppen wendet. Als Resultat dieser und ähnlicher Bedingungen verstärkt sich der kulturell vorgegebene Druck: Das Kind darf immer weniger hingenommen werden, so wie es ist, mit seinen körperlichen und geistigen Eigenheiten, vielleicht auch Mängeln. Es wird vielmehr zum Zielpunkt vielfältiger Bemühungen. Möglichst alle Mängel sollen korrigiert werden (nur kein Schielen, Stottern, Bettnässen mehr), möglichst alle Anlagen sollen gestärkt werden (Konjunktur für Klavierstunde, Sprachferien, Tennis im Sommer und Skikurs im Winter). In Büchern, Zeitschriften, Erziehungs-Ratgebern, überall lautet der Auftrag ähnlich: Die Eltern sollen alles tun, um dem Kind »optimale Startchancen« zu geben. Zusammenfassend ergibt sich daraus das Fazit, wie es eine aktuelle Studie zur Familienentwicklung formuliert: Die »Norm verantworteter Elternschaft« setzt sich immer weiter durch, ja »die ethische und soziale Verantwortung der Eltern ... [hat] ein historisch ungeahntes Ausmaß angenommen«.[5]

Aber warum eigentlich, das ist die naheliegende Frage, machen die Eltern dies alles mit? Warum schieben sie nicht alle pädagogischen Informationen beiseite, die ihnen immer mehr Verantwortung und Pflichten aufbürden? Die Antwort heißt, daß in unserer Gesellschaft zahlreiche Barrieren existieren, die ein Ausbrechen aus dem Dickicht der Ratschläge erschweren. Zunächst einmal sind die Eltern praktisch von allen Seiten vom Gebot bestmöglicher Förderung umstellt, von Fernsehen bis Zeitschriften, von Werbung bis Schule. Und die Botschaft, die ihnen vermittelt wird, hat einen immer wiederkehrenden Refrain: daß Nichtbeachtung der kindlichen Bedürfnisse zu irreversiblen Schädigungen führt und Mangel an Förderung zu Entwicklungsverzögerung, ja Leistungsversagen. Dabei ist »Leistungsversagen« ein Wort, dessen Bedeutung die Eltern sehr wohl verstehen, denn in der sozial mobilen Gesellschaft ist »Leistung« eine Schlüsselkategorie. Wo die Möglichkeit und Verheißung des Aufstiegs besteht, die als Kehrseite immer die Gefahr des Abstiegs enthält, da wird der Zwang immer spürbarer: durch individuelle Planungen, Anstrengungen, Bildungsbemühungen den eigenen Platz in der gesellschaftlichen Hierarchie zu sichern.

Wie es in einer amerikanischen Frauenzeitschrift heißt: »Unstimulated time is a waste of baby time.«[6] Um der vielseitigen Anregung willen begleiten Mütter (und hin und wieder auch Väter) das Kind zu Zirkus und Zoo, gehen mit zum Schwimmkurs fürs Baby, organisieren Eltern-Initiativen und Stadtteil-Feste für Kinder. Die »naturwüchsige Kindheit« ist in vielerlei Hinsicht vorbei, die »Inszenierung der Kindheit« beginnt. Und auch hier wieder ist Verweigerung schwierig, ja wird in Zukunft noch schwieriger werden. Denn diese Inszenierungs-Aktivitäten entspringen ja nicht einer bloßen Laune der Eltern. Sie haben vielmehr ihren objektiven Grund darin, daß unter den Bedingungen der mobilen Gesellschaft Erziehung und Förderung ein Teil der »Arbeit zum Statuserhalt« ist.[7] Wo der Zwang regiert, durch individuelle Anstrengungen den eigenen Platz in der Gesellschaft zu sichern, da wird er notwendig schon ins Kinderzimmer hineingetragen: Die Kindererziehung wird eingespannt zwischen Aufstiegswunsch und Abstiegsbedrohung.

Exemplarisch dafür ein Erziehungsratgeber mit dem bezeichnenden Titel »How to Raise a Brighter Child«. Er beginnt mit den Sätzen: »Hier ist Hilfe für die Eltern, die sicher sein wollen, daß ihr Kind alle Chancen im Leben hat. Denn der Weg zum Erfolg beginnt in den ersten sechs Lebensjahren, wenn die intellektuelle und emotionale Entwicklung des Kindes sehr weitgehend von den Eltern abhängt, und wenn... die Eltern das nutzbare Intelligenzniveau des Kindes erheblich erhöhen können durch die Art der Erziehung, die sie ihm zuteil werden lassen.«[8]

Zusammenfassend kann man sagen, in der hochindustriellen Gesellschaft ist zwar die physische Versorgung des Kindes in mancher Hinsicht einfacher geworden, dank Technisierung des Haushalts und vorgefertigter Produkte wie Wegwerf-Windel und Baby-Kost. Aber dafür wurden mit der Entdeckung der Kindheit zunehmend neue Themen entdeckt. Um es mit ARIÈS zu sagen: »Unsere Welt ist von den physischen, moralischen und sexuellen Problemen der

Kindheit geradezu besessen.«[9] So sind auf anderer Ebene zahlreiche neue Aufgaben hinzugekommen, wie es in einer familiensoziologischen Studie heißt: »Die Familie steht heute unter einem *Erziehungsdruck*, der historisch seinesgleichen sucht.«[10] Und dies gilt wohl noch mehr für die Zukunft. Das Kind, einst ein Geschenk Gottes, manchmal auch eine unerwünschte Last, wird für die Eltern/die Mütter immer mehr: »ein schwieriges Behandlungsobjekt.«[11]

2. Die neue Elternpflicht: das perfekte Kind?

Die »Optimierung der Startchancen« fürs Kind – dieser Auftrag wurde in den letzten Jahrzehnten vor allem in dem Sinne verstanden, daß es wesentlich darum geht, dem Kind eine gute Schulbildung zukommen zu lassen. Insbesondere die Bildungswerbung der 60er Jahre hat hierbei eine wichtige Rolle gespielt. In den Bildungsstatistiken sind die Resultate klar dokumentiert.[12] Immer weniger Kinder absolvieren die Hauptschule, immer mehr besuchen weiterführende Schulen, immer mehr studieren.

Und wie wird die Zukunft aussehen? In einer Gesellschaft, die hochindustrialisiert, komplex und international vernetzt ist, die damit ein hohes Niveau an Wissensleistungen voraussetzt, werden solche Bildungsbemühungen sicher notwendig bleiben. Doch darüber hinaus könnte die Verantwortung, die den Eltern abverlangt wird, in Zukunft noch qualitativ neue Formen annehmen. Zum Auslöser dafür könnten die neuen Entwicklungen in Medizin, Biologie und Genetik werden, die immer mehr Möglichkeiten einer gezielten »Konstruktion« von Elternschaft schaffen. Die »programmierte Vererbung«[13] wird greifbar, der »Mensch nach Maß«[14] zur Vision einer möglichen Zukunft. Im folgenden geht es darum, bewußt spekulativ einige der Möglichkeiten zu entwerfen, die hier auf uns zukommen könnten.

Neue Fragen, neue Entscheidungen, neue Verantwortungslasten

Der entscheidende Ansatzpunkt ist, daß die Fortpflanzungstechnologien dazu eingesetzt werden können, den Auftrag der Moderne zu erfüllen, die »Optimierung« der Startchancen fürs Kind. Ein Motto dafür könnte sein, was auf einer Tagung von Humangenetikern und Präventivmedizinern kürzlich so formuliert wurde: »In unserer leistungsbetonten Zeit gewinnen auch leichte Störungen und Handicaps dramatische Bedeutung für Entwicklung, Integration, Fortkommen und Behauptung.«[15] Daraus kann man im Umkehrschluß ableiten, was zu erwarten sein wird – angesichts dieser Anforderungen an Gesundheit, Fitneß und Leistung –, wenn die Technologie immer mehr Eingriffsmöglichkeiten anbietet. Ich möchte das Szenarium der Zukunft vorsichtig in Form einer Frage skizzieren: Können verantwortungsbewußte Eltern es in Zukunft noch wagen, ihrem Kind die Möglichkeit eines Handicaps zuzumuten? Müssen sie nicht alles Verfügbare tun, um jede Beeinträchtigung abzuwenden?

Was das bedeutet, kann man konkreter weiter bestimmen. Eltern, die sich auf diese Anforderungen einlassen, müssen zunächst einmal das gesamte Instrumentarium der pränatalen Diagnose nutzen. Das ist nicht wenig und wird von Tag zu Tag mehr: Die genetische Entschlüsselung des Menschen schreitet in schnellem Tempo voran. Und je mehr diagnostiziert werden kann, desto mehr wächst auch die Wahrscheinlichkeit, daß ein Defekt festgestellt wird. Fällt aber das Ergebnis in diesem Sinn ungünstig aus, dann müssen die Eltern sich wohl dazu entscheiden, die Schwangerschaft abbrechen zu lassen. Denn hieße jede andere Möglichkeit nicht, dem Kind einen Lebensweg zumuten zu wollen, der von vornherein mit ungünstigeren Startchancen beginnt?

Und das ist noch keineswegs alles. Konsequent weitergedacht, muß die Fürsorgepflicht der Eltern schon früher beginnen, nämlich beim Zeitpunkt der Zeugung. Die verantwortungsbewußten Eltern der Zukunft müssen sich fragen, ob ihr eigenes »Erbmaterial« den Anforderungen der Zeit auch genügt, oder ob sie nicht besser zurückgreifen auf Eispende und Samenspende – sorgfältig ausgewählt selbstverständlich. Der Ethiker REINHARD LÖW malt dazu provozierend folgende Vision aus:»Eigene Kinder zu haben bedeutet in dieser tapferen neuen Welt, sie mit dem unverantwortlichen Nachteil einer geringeren Intelligenz und einem bescheideneren Aussehen auf den Lebensweg zu schicken als die fortschrittlich gezeugten oder im Reagenzglas kombinierten. Man kann den Zeitpunkt fast schon absehen, zu dem Kinder gegen ihre Eltern wegen ›mangelhaften Erbguts‹ klagen werden.«[16]

Das Szenarium der Durchsetzung: die Anfänge

Die Möglichkeiten, die via Biotechnik auf uns zukommen können, laufen demnach hinaus auf eine bewußte »Qualitätskontrolle des Nachwuchses«. Sicherlich erscheinen uns solche Möglichkeiten heute noch fern. Doch wie ihre Durchsetzung aussehen könnte – das Szenarium dafür läßt sich bereits beschreiben. Denn wie die Geschichte der Technik vielfach gezeigt hat, erfolgt der Ablauf von der Erfindung bis zur allgemeinen Verbreitung oft in ähnlichen Schritten.[17] Und aus der bisherigen Entwicklung der Fortpflanzungstechnologie deutet sich an, daß auch hier ähnliche Muster sich abzeichnen. Die Linie von der Gegenwart in die Zukunft mag dann etwa folgendermaßen verlaufen:

Zur Zeit sind es nur wenige Eltern, die damit beginnen, die Medizintechnologie in Anspruch zu nehmen. Diese Männer und Frauen sind keineswegs unbedingt daran interessiert, ein möglichst perfektes Kind zu bekommen. Im Gegenteil, sie haben im einzelnen ganz verschiedene Motive. Da sind – dies der bekannteste Fall, durch die Schlagzeilen der Presse hinlänglich verbreitet – zunächst die Paare, die unfruchtbar sind und nur über medizinische Zeugungshilfe zum Wunschkind gelangen. Andere gehören Gruppen an, die nach den neueren Erkenntnissen der Wissenschaft als »Risikogruppen« gelten, bei denen also die Wahrscheinlichkeit einer genetischen Belastung fürs Kind erhöht ist. Dann gibt es Männer, die sich sterilisieren lassen, aber vorher, gewissermaßen als Rückversicherung, noch Samen bei der Samenbank deponieren.[18] Ähnlich können Frauen den Weg der In-vitro-Fertilisation versuchen, falls sie sich sterilisieren ließen, aber dann später – z. B. mit einem neuen Partner – doch noch ein Kind wollen. Und schließlich wächst in der modernen Gesellschaft auch die Zahl derer, die alleinstehend sind, aber ein Kind wollen, und die deshalb auf die Möglichkeit der künstlichen Zeugung zurückgreifen.[19] So unterschiedlich diese Motive auch sind, sie führen offensichtlich in eine ähnliche Richtung: zur Fortpflanzungstechnologie. Diejenigen, die sich dazu entschließen, geraten vielfach – und fast unmerklich – in ein nächstes Stadium hinein. Im Zuge der technischen Umsetzung und der Möglichkeiten, die sich dabei eröffnen, kann der Wunsch, ein Kind zu bekommen, schnell zum Wunsch führen, auf die Art und Beschaffenheit dieses Kindes Einfluß zu nehmen. Unterderhand wird der Weg gebahnt für eine neue Form der »Wunschkindmentalität«.[20] Und dies ist kein Zufall, sondern im Verfahren schon vorprogrammiert. Denn die Fortpflanzungstechnologie macht Auswahl möglich, ja oft sogar nötig. Oder wie JEREMY RIFKIN es provozierend nennt: die »inhärente Logik dieser Technologie ist eugenisch«.[21]

Ein anschauliches Beispiel dafür sind zunächst diejenigen Fälle, wo der Kinderwunsch über Samenspender oder Leihmutter erfüllt werden soll. Bei der Aufnahme der Kandidaten/Kandidatinnen nehmen die Kliniken und Vermittlungsbüros in jedem Fall eine Vorauswahl vor. Die Kriterien freilich sind grob, mehr bis minder willkürlich, je nach Institution wechselnd: von medizinischer Vorgeschichte und psychischer Stabilität (an welchen Maßstäben auch immer gemessen) bis hin zu Rasse, Hautfarbe und Körpergröße. In einer Informationsschrift des Bundesministers für Justiz ist dazu zu lesen, es gilt »bei dieser Auswahl, durch die Erhebung der Familiengeschichte des Samenspenders der Übertragung schwerer Erbleiden vorzubeugen«.[22] Ein Arzt in Essen, der sich in seiner Praxis auf künstliche Befruchtung spezialisiert hat, nennt als Kriterien bei der Auswahl von Samenspendern u. a.: »keine abstehenden Ohren oder Hakennasen, mindestens 1,75 groß, keine

›ausgeflippten Typen‹, aus ›geordneten Verhältnissen stammend‹.«[23] Und ein anderer deutscher Arzt ist nach eigener Aussage bemüht, auch »Charaktermerkmale, Aussehen und Sympathie« mitzubeachten.[24]

Solche Verfahren sind auf den ersten Blick ganz unauffällig und harmlos. Sie sind nach dem Selbstverständnis der Institutionen keineswegs im Sinn von Eugenik und Zuchtwahl gemeint, sondern sollen allein dazu dienen, im Interesse der Klienten offensichtliche Defekte oder unzumutbare Eigenschaften auszuschließen. In dieser Darstellung bleibt freilich die entscheidende Frage verdeckt und versteckt. Denn: was eigentlich heißt »unzumutbar« (z. B. ein schwarzer Samenspender für Weiße), was ist ein »Defekt« (z. B. abstehende Ohren)? Eine Auswahl dieser Art ist nicht mehr zufallsverteilt. Sie ist per definitionem eugenisch – nicht positive Eugenik als Auswahl der Besten, sondern negative Eugenik als Abwahl der »Schlechten«. Und was immer, wer immer in diesem Sinn »schlecht« ist, das hängt wesentlich *auch* ab von sozialen Maßstäben und Wertungen.

Darüber hinaus sind die Verfahren mancher Institutionen daraufhin angelegt, daß die Klienten – also die, die einen Samenspender/eine Leihmutter suchen – aus dem Angebot des Instituts ihre eigene Auswahl treffen. So ist es in den USA zum Teil gängige Praxis, daß die Klienten einen Katalog der verfügbaren Samenspender/Leihmütter erhalten, worin alle mit einer Kurzbeschreibung vorgestellt werden, die physische, biographische, soziale Merkmale auflistet. Daraus können, nein: müssen die Klienten nun wählen. Wenn aber Wahl – warum dann nicht die »bessere« Wahl? Wer wird, wenn er zwischen verschiedenen Artikeln aussuchen muß, bewußt den nehmen, der ihm wenig gefällt? Und ähnlich auch hier: Da ja in jedem Fall eine Wahl stattfinden muß, liegt es doch nahe, nach dem eigenen Wunschbild zu wählen, um das genetische Roulette in Richtung bestimmter Eigenschaften zu lenken. Dementsprechend setzen manche »Auftraggeber« dann auf Intelligenz, manche auf musische Begabung, andere auf blonde Locken oder sportliche Leistung.

Zur Veranschaulichung ein Beispiel aus einem »Leihmutterkatalog«:
»Martha F., *Address*: Escondido, Ca. *Pregnant*: No. *Status*: Divorced.
Employer: County... *Birth Date*: 6–11–48. *Height*: 5'2". *Weight*: 110.
Hair: Blond: *Racial Origins*: Caucasian. *Children*: Kammy, Age 14, and
Crissy, Age 10. *Medical*: Normal delivery both children... no surgery or
other problems. Medical release and detailed medical history completed.
Could begin: Immediately. *Insurance*: Greater San Diego. *Expenses Anticipated*: $ 20 000. *Photographs*: Available. *Contact*: By mail forwarding.
Comments: My older child is a mentally gifted child. (Interested in planned or surrogate parenting.)«[25]

Doch auch hier sind die Wünsche, so individuell sie auch scheinen, keineswegs zufallsverteilt. In ihnen spiegelt sich vielmehr die Hierarchie gesellschaftlicher Werte wider. WOLFGANG VAN DEN DAELE, Mitglied der Kommission »Gentechnologie« des Deutschen Bundestages, hat diesen Zusammenhang folgendermaßen beschrieben: »Die ›Ideale‹ von Gesundheit, Schönheit, Intelligenz und angemessenem Verhalten sind sicher weitgehend gesellschaftlich definiert. Aber sie brauchen uns nicht erst aufgezwungen zu werden. Wir haben sie verinnerlicht und reproduzieren sie als unsere eigenen Bedürfnisse. Wenn es daher Techniken gibt, diesen Idealen für sich und seine Kinder näher zu kommen, so werden wir uns ihrer auch bedienen *wollen*. Je unwahrscheinlicher es ist, daß Eugenik und Menschenzüchtung staatlich erzwungen werden, um so eher könnte ›Konsumentenwahl‹, die als Selbstbestimmung auftritt, das Mittel ihrer Durchsetzung werden.«[26]

Ein anschauliches Beispiel ist der Fall eines österreichischen Adligen, dessen Frau unfruchtbar ist. Nun hofft er, via amerikanischer Leihmutter zu sechs Söhnen zu kommen. Drei hat er auf diese Weise bereits bekommen, zur Zeit ist der vierte in Produktion. Und jedesmal bemüht sich der Arzt, in einer Zentrifuge die »weiblichen« Spermien abzusondern, damit es wieder ein Sohn wird.[27] Ähnliche Fälle der Kombination von Leihmutterschaft mit Geschlechtswahl sind auch anderweitig dokumentiert.[28]

Ein weiteres Beispiel für die Auswahlprozesse, die mit der Fortpflanzungstechnologie in Gang gesetzt werden, ist die pränatale Diagnose. Hier ist die gegenwärtige Rechtslage in der Bundesrepublik folgendermaßen: Eine Abtreibung ist nur dann zulässig,

wenn der Frau die Fortsetzung der Schwangerschaft nicht zuzumuten ist, weil eine schwere, nicht behebbare Schädigung des Kindes droht. Die gesellschaftliche Wirklichkeit freilich sieht anders aus. Schon heute überrollt die gesellschaftliche Praxis vorgeburtlicher Selektion die normativen Grenzen, die das Strafrecht zu ziehen versucht. Abtreibungen werden in wachsendem Maß auch dann vorgenommen, wenn eine leichtere oder behandelbare, z. B. operierbare Schädigung zu erwarten ist. Dazu wieder VAN DEN DAELE:
»Die Reaktion der betroffenen Frauen (oder Eltern) auf die Befunde der vorgeburtlichen Diagnose entsprechen oft einer ›Alles-oder-Nichts-Haltung‹. In der Regel wird Abtreibung schon dann gewählt, wenn nur ein gewisses Risiko einer Krankheit besteht, also die Wahrscheinlichkeit, daß ein gesunder Fötus getötet wird, relativ hoch ist, oder wenn unentscheidbar ist, ob eine zu erwartende Schädigung schwerwiegend oder leicht sein wird... Selbst die Diagnose von Chromosomenanomalien (etwa XYY), die fast sicher klinisch bedeutungslos sind, wird zum Anlaß genommen, den betroffenen Fötus ›vorsichtshalber‹ abtreiben zu lassen.«[29]

Schon wird in manchen amerikanischen Leihmutterverträgen die Leihmutter verpflichtet, sich einer pränatalen Diagnose zu unterziehen und gegebenenfalls einen Schwangerschaftsabbruch durchführen zu lassen, wenn der Befund ungünstig ausfällt.[30] In der Kombination der Technologien und ihrer Verheißungen wird ein »Qualitätsprodukt« anvisiert. Aus dem Kinderwunsch wird das Wunschkind nach Maß.

Eigendynamik oder:
Das Karussell dreht sich weiter

Dies alles sind nicht Visionen einer ferneren Zukunft, sondern Entwicklungen, die wir schon heute erleben. An ihnen wird ablesbar, wie die Fortpflanzungstechnologie zum »Einfallstor« wird für Verfahren, die de facto auf eine Qualitätskontrolle des Nachwuchses hinauslaufen. Dies geschieht, wie gerade gezeigt, durchaus auch dann, wenn die Klienten/Patienten zunächst von ganz anderen Motivationen herkommen. Aber die Wünsche, im Wunderland der Technologie angekommen, entfalten plötzlich eine eigenständige Kraft. Sie verselbständigen sich. Und dies ist kein individueller Anfall von Maßlosigkeit, sondern durch die innere Logik der Verfahren vorangelegt – eine Tendenz, die manchen Genetikern durchaus willkommen ist.

H. J. MULLER, der einen Nobelpreis für seine Arbeiten über die Auswirkungen von Strahlungen auf Gene bekam, stellte 1959 fest, daß Tausende von Frauen sich bereits hatten künstlich befruchten lassen. Unfruchtbarkeit, so schrieb MULLER, liefert »eine ausgezeichnete Gelegenheit, eine Bresche für positive Eugenik zu schlagen, da die in Frage kommenden Paare unter den gegebenen Umständen fast immer offen sind, wenn man ihnen nahelegt, aus ihrer Not eine Tugend zu machen und so viele begabte Kinder wie möglich zu bekommen«.[31]

So kommt es, daß aus den neuen Mitteln neue Zwecke erwachsen. Die amerikanische Sozialwissenschaftlerin JOAN ROTHSCHILD schreibt: »Die neue Technologie trägt ihrer Wirkung nach dazu bei, neue Standards für menschliche Perfektion bzw. menschliche Defekte zu setzen... Im Zeitraum von zwei Jahrzehnten hat das wissenschaftliche und technische Wissen den Möglichkeitsraum so weit verändert, daß die Sorge darum, ein *gesundes* Kind zu bekommen, durch den Druck ersetzt wird, das *perfekte* Kind zu bekommen.«[32]

Schon heute sehen sich die Ärzte in genetischen Beratungsstellen mit dem Wunsch nach einer pränatalen Gendiagnose konfrontiert, obwohl diese Diagnose – nach dem Katalog medizinisch definierter Risiken (z. B. Alter der Mutter) – keineswegs angezeigt ist. So wollen inzwischen auch von den jüngeren Frauen einige die Fruchtwasser-Untersuchung, die den älteren selbstverständlich angeboten wird. Dies kann man interpretieren als irrationale Reaktion, als Ausdruck individueller Persönlichkeitsmerkmale, z. B. starker Neigung zu Angst. Eine solche Interpretation übersieht aber die soziale Genese solcher Erwartungen: Sie werden durch das Angebot der Technik systematisch erzeugt. Je mehr die pränatale Diagnose bekannt wird, desto mehr rücken Krankheiten und

Krankheitsanlagen ins Bewußtsein – und erzeugen so neue Eingriffserwartungen. »Technisch Realisierbares, Machbares, das in der Öffentlichkeit, vom Fernsehen bis zum Spielplatz bekannt gemacht wird, führt unweigerlich zu einer gesteigerten Nutzung und Inanspruchnahme... Die Trends zu mehr Pränataldiagnostik im Spiel von Angebot und Nachfrage, aber auch durch Erweiterung methodischer Möglichkeiten sind überall deutlich erkennbar.«[33] So die Humangenetikerin TRAUTE SCHROEDER-KURTH. Und JACQUES TESTART, selbst einer der Pioniere der In-vitro-Befruchtung, schildert anschaulich, wie die Medizintechnologie eine Inflation der Wünsche in Gang setzt. Als sarkastische Zukunftsvision beschreibt er, wie die In-vitro-Befruchtung eines Tages hineinführt in das Angebot der »Eizellen à la carte«. Da haben die Eltern dann die freie Wahl, ein Sortiment »wie in einer Zoohandlung: Haarfarbe, Beinhöhe, Ohrenform und Gesundheitsurkunde.«[34]

Wenn aber eine Wunschkindmentalität der beschriebenen Art erst einmal aufkommt, kann sie möglicherweise schnell weitere Verbreitung gewinnen. Denn die Eltern, die damit beginnen, setzen Maßstäbe in Gang, die der Wirkung nach nicht nur für ihre, sondern für *alle* Kinder jetzt gelten. So werden andere Eltern auf dem Weg zur Biotechnik sich anschließen. Sie werden nachziehen, weil sie befürchten, daß ihr Kind in der Konkurrenz der Leistungsgesellschaft sonst nicht mithalten kann. Und in einem weiteren Stadium mag auch der Staat dann beginnen, zu Steuerungsmaßnahmen zu greifen, um diejenigen Kinder, deren Eltern »weniger verantwortungsbewußt« sind, vor Startnachteilen mit lebenslangen Konsequenzen zu schützen. Dieses Szenarium der Durchsetzung wird von VAN DEN DAELE in seinen einzelnen Stadien entworfen:

»Der wissenschaftliche Fortschritt wird neue Möglichkeiten schaffen, die Erbanlagen des Menschen zu beeinflussen. Und sollte man Korrelationen zwischen Genen und Intelligenzgrad entdecken, so werden sich mit Sicherheit Eltern finden, die die genetische Ausstattung ihrer Kinder selektieren oder konstruktiv verbessern, um ihnen die besten Ausgangsbedingungen für den Konkurrenzkampf des späteren Lebens mit auf den Weg zu geben. Wenn dies jedoch erst einmal beginnt, wer kann sich da noch erlauben zurückzustehen? Eine entsprechende Technik vorausgesetzt, könnte die Standardisierung der genetischen Intelligenz geradezu Elternpflicht und soziale Norm werden. Irgendwann würde es dann schließlich auch nicht mehr unplausibel erscheinen, daß der Staat ein gewisses Minimum an ›genetischer Fürsorge‹ zum Wohl des Kindes erzwingt, ähnlich wie es heute bei der Schulbildung der Fall ist.«[35]

Wir sehen daran: Was zunächst in kleinen Schritten beginnt, auf Ausnahmegruppen beschränkt, kann schnell eine Eigendynamik gewinnen, die unsere bisherigen Lebensformen überrollt. Auch das ist aus der Geschichte der Technik bekannt. Wo neue Handlungsmöglichkeiten eröffnet werden, geraten auch die Standards des Handelns in Bewegung. Wie die »verantwortungsbewußte Elternschaft« dann aussehen mag – das hat JEREMY RIFKIN folgendermaßen beschrieben:

»Der soziale Anpassungsdruck an die Logik der Gentechnik wird enorm sein... Jedes künftige Elternpaar wird entscheiden müssen, ob es sein Glück mit der traditionellen genetischen Lotterie versuchen oder ob es dem werdenden Kind bestimmte Eigenschaften ein- oder ausprogrammieren will. Wenn die Eltern es vorziehen, sich traditionell zu verhalten, und den genetischen Zufall über das biologische Geschick ihres Kindes entscheiden lassen, könnten sie große Probleme bekommen, sollte sich aus genetischer Sicht eine verhängnisvolle Fehlentwicklung ergeben.«[36]

Die ideologische Wirkung

Noch sind wir nicht soweit. Auch sind, was die Steuerung der menschlichen Intelligenz angeht, die technischen Leistungen der modernen Genetik bescheiden und werden es für die absehbare Zukunft wohl bleiben. (Noch kann man nicht das perfekte Kind züchten, sondern nur die sogenannt defekten Kinder »vermeiden«.) Aber allein schon die Diskussion zukünftiger Forschungsperspektiven, so wie sie hier und heute verläuft, gibt der Assoziation von Intelligenz und Genetik neuen Auftrieb. Und diese Assoziation, darauf hat wiederum VAN DEN DAELE verwiesen, ist auch jetzt schon potentiell verheerend.[37] Die Idee vom »angeborenen Schicksal« gewinnt damit neuen Zulauf. Es wird zunehmend plausibel und legitim, die Entwicklungsbedingungen des Menschen mehr in seiner biologischen Natur, weniger in seiner sozialen und kulturellen Umwelt zu suchen. Vor diesem Hintergrund verlieren dann die Ansprüche auf Chancengleichheit im Bildungssystem an politischer Durchsetzungskraft, denn man kann im Gegenzug immer auf die determinierende Kraft der Gene verweisen. Wo früher soziale Reformen notwendig schienen, kann man in Zukunft auf die »genetische Verbesserung« des Nachwuchses setzen.

Auf diese Weise könnte auch die Eugenik wieder hoffähig werden, jetzt freilich in neuem Gewand, eine Art »sanfte Eugenik«. Dabei sind Vorstellungen von »überlegenen« und von »geringwertigen« Gruppen zwar gesellschaftlich noch weiter vorhanden (z. B. nach Rasse, Klasse, Geschlecht sortiert). Aber mit den neuen Technologien werden die Idealvorstellungen von dem, was »besser« bedeutet, in einen weniger bedrohlichen Rahmen gebracht. JOAN ROTHSCHILD beschreibt diesen Verwandlungsprozeß: »Je mehr diese Fortpflanzungstechnologien für die Angehörigen der Mittelschicht und der oberen Mittelschicht zugänglich werden, je mehr die Eltern also die Versicherung haben, ein der Annäherung nach ›perfektes‹ Kind zu bekommen, desto mehr wird das Erbgut der Eltern zum Kriterium, an dem das Ideal sich bemißt... Für ›besseren‹ Nachwuchs zu sorgen heißt jetzt, aus dem Erbgut der Eltern auszuwählen oder umgekehrt auszusortieren (oder es in Zukunft vielleicht zu perfektionieren). Die Standards scheinen damit private zu sein. Ob man besseres oder minderwertiges Erbgut dem Nachwuchs vermacht, wird zu einer Frage der persönlichen Verantwortung und Entscheidung.«[38]

Die Technologien scheinen derart neutral. Sie drohen niemandem mit Ausrottung und Vernichtung. Sie wollen nicht dem »Herrenmenschen« zum Weltsieg verhelfen. Sie stören nicht das gute Gewissen. Um so ungehinderter wächst ihre Anziehungskraft. Ihre Verheißung, ihre Botschaft lautet ganz sanft: Ist es denn Unrecht, gesunde Babys zu wollen?[39]

3. Eine unaufhaltsame Entwicklung?

Bisher ist sichtbar geworden, wie eine Eigendynamik in Gang gesetzt wird, in deren Verlauf eine schleichende Gewöhnung an die Angebote der Fortpflanzungstechnologie sich anbahnen kann. Und das, was hier und heute geschieht in vielen Kliniken, Labors und Forschungsinstitutionen, ist bereits Teil dieser Normalisierung. So spricht viel für die Annahme, die weitere Durchsetzung sei ein unausweichlicher und unaufhaltsamer Prozeß, durch nichts mehr zu bremsen.

Und doch ist, grundsätzlich betrachtet, diese Annahme falsch. Denn die Durchsetzung von Technologien ist kein naturgesetzlich ablaufender, sondern ein *sozialer* Prozeß. Er wird nicht von vorgegebenen Determinanten bestimmt, sondern von gesellschaftlichen, politischen, ökonomischen Bedingungen. Er ist abhängig von Machtverhältnissen und Gruppeninteressen, von Marktanteilen und Karrierechancen, von politischen Prioritäten, gesetzlichen Regelungen, privaten Entscheidungen. Er ist damit prinzipiell offen, aufhaltbar, steuerbar. Er kann – der Möglichkeit nach – gebremst werden.

Also: es gibt noch ein »Schlupfloch«, um der Eigendynamik zu entkommen. Die Frage ist freilich, ob wir es finden.

Die Unwirksamkeit der bisherigen Kontrollen

Zur Zeit jedenfalls stehen die Weichen in anderer Richtung. Die Biotechnik dringt in immer weitere Bereiche vor; die Erfolgsmeldungen überschlagen sich; mit den je neuesten Resultaten der Forschung werden laufend neue Anwendungsmöglichkeiten eröffnet. Durch das rapide Tempo, in dem all dies geschieht, verläuft der Prozeß der Durchsetzung praktisch unkontrolliert: Medizin wird zur »Subpolitik«.[40] Ein »Zwang zur Zukunft« entsteht.[41]

Zwar gibt es zahlreiche Gremien, die eigens daran arbeiten, für die mit der Biotechnik aufgeworfenen Fragen und Probleme verbindliche Regelungen zu entwerfen. So gibt es parlamentarisch eingesetzte Kommissionen, Stellungnahmen von Kirchen und Parteien, Verhandlungen des Ärztetages und des Juristentages. Doch betrachtet man ihre Ergebnisse genauer, so wird unübersehbar, daß die bisherigen Verfahren demokratischer Kontrolle an zentralen Punkten ungenügend und ineffizient sind. Symptomatisch dafür ist, was VAN DEN DAELE über den Abschlußbericht der Enquetekommission »Chancen und Risiken der Gentechnologie« schreibt: »Was die Mehrheit der Kommission vorlegt, trägt Züge eines Arrangements mit der Entwicklung, die man ohnehin nicht widerrufen kann, aber auch nicht grundsätzlich in Frage stellt.«[42] Darüber hinaus stehen solche Kommissionen vor immensen und völlig neuartigen Fragen, die sich nirgendwo an das Schema wissenschaftlicher Spezialdisziplinen halten. Entsprechend langwierig ist das Ringen um Antworten. Dann kostet es wiederum Zeit, bis Gesetzesentwürfe verhandelt, verändert, neu formuliert, im Kompetenzgerangel der Abteilungen hin- und hergewälzt werden. Darüber gehen Jahre ins Land. Doch die Pioniere der Fortpflanzungstechnologie warten nicht so lange, bis die Sach- und Rechtslage geklärt ist. In ihren Labors wird seit Jahren befruchtet und Leben gezeugt – in vivo, in vitro, homolog und heterolog.

Doch der Fortschrittskonsens wird brüchig

Die Naturwissenschaften haben damit de facto eine Pionierrolle im Prozeß des sozialen Wandels übernommen. Diese Pionierrolle war lange Zeit legitimiert durch den Fortschrittsglauben, der die moderne Gesellschaft bestimmte. Genau hier aber hat in den letzten Jahren ein entscheidender Wandel eingesetzt: Wie die aktuellen gesellschaftspolitischen Diskussionen hinlänglich zeigen, beginnt dieser Fortschrittskonsens brüchig zu werden, auf vielen Ebenen und bei immer mehr Gruppen. Die Kritik wächst – und dies gilt insbesondere auch für die Eingriffe in den Bereich der menschlichen Natur, die via Biotechnik in Gang gesetzt werden. Hier hat unübersehbar eine Polarisierung der Standpunkte stattgefunden. Dabei ist auffallend, daß neuartige Koalitionen aufkommen, die nicht mehr den gewohnten politischen Schematisierungen folgen. So hat sich in den letzten Jahren eine Regenbogen-Koalition von Wissenschaftlern und Wissenschaftlerinnen verschiedenster Disziplinen herausgebildet, die die Biotechnik aus je unterschiedlichen Bezugsrahmen betrachten, aber durchgängig kritisch auf die ungeplanten und ungewollten Nebenfolgen des technischen Zugriffs verweisen.

In diesem Zusammenhang ist nicht zuletzt von Bedeutung, daß die Fortpflanzungstechnologien auch innerhalb der Medizin umstritten sind. Einige Mediziner argumentieren engagiert dafür; andere warnen; und einige haben die Entwicklung zunächst mitgetragen und fordern jetzt eine Umkehr: So etwa JACQUES TESTART, der »Vater« des ersten französischen Reagenzglas-Babys, der inzwischen »für eine Logik der Nicht-Erfindung, für eine Ethik der Nicht-Forschung« plädiert;[43] und ähnlich der Mediziner MANFRED STAUBER, der nach langjährigen klinischen Erfahrungen für die heterologe Insemination »eine Denkpause und sogar einen ›Schritt zurück‹« fordert, um den »Sturz in den Abgrund einer grenzenlosen unkontrollierten Reproduktionsmedizin aufzuhalten«.[44] Drastisch auch das Urteil von PETER PETERSEN, Medizinische Hochschule Hannover, der Mitglied der interministeriellen Arbeitsgruppe über In-vitro-Fertilisation, Genomanalyse und Gentherapie war: »Unser gegenwärtiges lebenspraktisches und wissenschaftliches Bewußtsein kann die ganzheitliche Wirklichkeit der Retortenbefruchtung nicht überschauen. Die mit der Retortenbefruchtung befaßten Ärzte wissen nicht, was sie tun.«[45]

Wir befinden uns demnach in einer Situation, wo die neuen Verfahren der Biotechnik schon heftig umstritten sind, aber gleichzeitig weitgehend ungebremst sich durchsetzen können. Damit sind für den politischen Raum Alarmsignale gesetzt. Es besteht dringender Handlungsbedarf, die einseitige Dominanz aufzubrechen, mit der die Naturwissenschaften, nein: *einige* ihrer Vertreter Fakten schaffen und neue Standards für menschliches Leben erzeugen. Dazu reicht freilich eine naturwissenschaftliche

Betrachtung nicht aus. Dazu brauchen wir eine umfassende Diskussion der sozialen, gesellschaftlichen, politischen Folgen, die mit diesen Technologien auf uns zukommen werden.

Biotechnik statt Bildung?

Ich habe in diesem Kapitel einige Überlegungen darüber angestellt, wie mit der Fortpflanzungstechnologie ein neuer Verantwortungsdruck auf die Eltern zukommen kann, in ein Stichwort zusammengefaßt: »genetische Qualitätskontrolle« als Aufgabe der Zukunft. Es ist klar, daß dies zum gegenwärtigen Zeitpunkt nur Spekulationen sein können. Und es ist ebenso klar, daß es Vertreter anderer Auffassungen gibt, die solche Spekulationen für überzogen und übertrieben halten. Deshalb möchte ich zum Abschluß noch einmal an zwei mächtige Triebkräfte erinnern, die den Trend zur »Qualitätskontrolle« des Nachwuchses vorantreiben. Dazu gehört erstens, daß in der sozial mobilen Gesellschaft die Eltern einem erheblichen Druck ausgesetzt sind, ja alles zu tun, damit ihr Kind optimale Startchancen hat. Mit anderen Worten, ein entsprechender Bedarf ist bereits heute vorhanden. Und zweitens wissen wir aus der Geschichte der Technik: Eine neue Technologie trägt oft dazu bei, ihrerseits weiteren Bedarf zu erzeugen. Mit jeder Verheißung wachsen die Wünsche.

Wenn die Schubkraft dieser Entwicklung nicht abgebremst wird – und zwar bald, bevor es zu spät ist –, dann mag es geschehen, daß für die Zukunft von Bildung und Qualifikation ein Paradigma-Wechsel sich abzeichnet. Pointiert auf eine Formel gebracht: Biotechnik statt Bildung. Das Projekt der Aufklärung, das zu Beginn der Moderne entstand, ihren Zukunftsentwurf mitbestimmte – das freilich würde dann in der Dialektik der Aufklärung enden. Doch noch ist es wohl möglich, andere Wege zu finden. Ich hoffe, daß die Zweifler am Ende recht behalten und meine Zukunftsspekulationen sich nicht erfüllen. Vielleicht wird dies gerade dann möglich, wenn wir erkennen, welche neuen Verantwortungslasten und Zwänge auf die Eltern sonst zukommen werden – und wir deshalb auf politischer Ebene Grenzen setzen. In diesem Sinn hoffe ich auf eine »self-destroying prophecy« meiner Aussagen: daß sie zu ihrer eigenen Widerlegung beitragen werden.

V.
Normalisierungspfade und Akzeptanzkonstruktionen

Ziehen wir eine Zwischenbilanz. Wir sehen zum einen, der Fortschrittskonsens ist brüchig geworden. Ob die neuen Biotechnologien die Chancen bringen, die die einen erhoffen, oder die Risiken, die die anderen betonen – dies ist im politischen Raum heute heftig umstritten. Aber wir sehen auch, wie die Entwicklung und Anwendung dieser Technologien in einem Tempo voranschreitet, das keine Zeit zum Mitdenken läßt, geschweige denn zum Vordenken, nur noch zum *Nach*denken. Angesichts dieser Situation stellt sich drängend die Frage – für Politik, für Gesellschaft, für uns alle: Wie können wir dem Diktat des Machbaren entkommen? Wie können wir die Gestaltbarkeit der Zukunft wiedergewinnen?

BERND GUGGENBERGER schreibt in diesem Zusammenhang: »Dies eben gilt es wiederzuentdecken: daß die Regeln unserer Zivilisation – unseres Lebens, unseres Wirtschaftens, unseres Umgangs mit der Natur – unsere eigenen Spielregeln sind und damit – änderbar... daß es mithin nicht Naturgesetze sind, die uns die industriezivilisatorischen Imperative des Wachstums, des Fortschritts und des Wagnisses à tout prix auferlegen, sondern selbstgesetzte Handlungsziele.« Und weiter: »Die ›Sachzwänge‹, auf die wir uns berufen, sind fast immer von Menschen und deren Interessen verursachte Zwänge, die in der Folge diesen und vielen anderen Menschen sich stetig erweiternde Denk- und Handlungszwänge auferlegen.«[1]

Vielleicht hilft es weiter, wenn wir diese Sachzwänge noch einmal genauer betrachten, jetzt frei nach dem Motto: *Sachzwänge fallen nicht vom Himmel. Sie werden von Menschen gemacht*. Oder anders gesagt: Nur wer die Sachzwänge kennt, kann sie knacken. Was also treibt die Forschung, Anwendung, Nutzung immer weiter voran? Läuft diese Entwicklung allein, oder *wer* treibt sie an und mit welchen Interessen?

Aus diesem Blickwinkel stoßen wir zunächst auf bestimmte Merkmale der Arbeitssituation in Wissenschaft und Forschung, die Normalisierungspfade eröffnen. Wir finden dann aber auch gezielte Strategien, die die Pioniere der neuen Technologien anwenden. Jene Eigendynamik, die – wie oben beschrieben – bei der Durchsetzung von Technologien oftmals entsteht, ist nämlich nicht so zu verstehen, als käme die Zustimmung ganz von allein, als würde die Verbreitung quasi automatisch sich einstellen. Dies sicherlich nicht: Den Ball muß man anstoßen, damit er auch rollt. Und das Gesetz der Ökonomie gilt, wie in anderen Bereichen, so auch hier: Der Markt muß gemacht werden. Es gilt, Bereitschaft aufzubauen, Widerstand auszuräumen, Koalitionen zu schaffen – und dies um so mehr, je mehr Fragen und Zweifel aufkommen.

1. Abstraktheit des Blicks

Es gehört zum traditionellen Behandlungsauftrag der ärztlichen Heilkunst, dem Menschen in seiner leib-seelischen Gesamtheit zu dienen. Jedoch: Was ist sie, diese leib-seelische Ganzheit, wo bleibt sie, woran kann man sie festmachen? Die Verfahren der höheren Medizintechnologie reduzieren komplexe Geschehen, wie etwa die Krise der Kinderlosigkeit, auf einen defekten Eileiter oder einen anderen lokalisierbaren Defekt und versuchen dann, ihn zu umgehen. »Dabei sind die weiteren und tieferen Umstände dieses Defekts nur am Rande oder gar nicht bedeutsam – wie etwa die Tatsache, daß der Defektträger ein Mensch mit einer Biographie ist.«[2] Das Resultat ist dann häufig, daß sich unter der Behandlung die Infertilitätskrise verschärft.[3] Hier zeigt sich anschaulich, wie die immer weitergehende Spezialisierung ein zentraler »Produktionsfaktor« bei der Entstehung von sogenannten Nebenwirkungen ist.

»Je *höher* der Grad der Spezialisierung, desto *größer* die Reichweite, Anzahl und Unkalkulierbarkeit der Nebenfolgen wissenschaftlich-technischen Handelns. Mit der Spezialisierung *entsteht* nicht nur das ›Ungesehene‹ und der ›Nebencharakter‹ der ›ungesehenen Nebenwirkungen‹. Mit ihr wächst auch die Wahrscheinlichkeit, daß punktuelle Lösungen erdacht und umgesetzt werden, deren beabsichtigte Hauptwirkungen dauernd durch die unbeabsichtigten Nebenwirkungen zugeschüttet werden... Die... Struktur, aus der heraus ›Sachzwänge‹ und ›Eigendynamiken‹ entstehen, ist also wesentlich das Modell der überspezialisierten Erkenntnispraxis in ihren Borniertheiten, ihrem Methoden- und Theorieverständnis, ihren Karriereleitern usw. Die auf die Spitze getriebene Arbeitsteilung produziert alles: die Nebenfolgen, ihre Unvorhersehbarkeit und die Wirklichkeit, die dieses ›Schicksal‹ unabwendbar erscheinen läßt.«[4]

Erst recht ist unter dem Mikroskop, in den Laboratorien der Molekularbiologie kein Platz für den Menschen in seiner Gesamtheit. Nur für seine Bestandteile: Der Mensch löst sich auf in das Mosaik seiner Zellen, seiner Chromosome und Gene. In dieser Abstraktheit verschwindet die Frage, was menschliches Leben ist, was seine Besonderheit ausmacht. Wir sehen nicht mehr ein lebendiges Wesen, sondern die Tausende von Strängen genetischer Information, die den Bauplan der Lebewesen abbilden. Diese Unsinnlichkeit, die dem molekularen Reduktionismus eigen ist, hat enorme und weitreichende Konsequenzen. Es verschwinden greifbare Grenzen und Schranken. Tabus, die aus der direkten Erfahrung des Lebendigen kommen, lösen sich auf. Die »optische Hemmschwelle«[5] für Experimente und gezielte Veränderung sinkt. Also: Warum nicht Forschung mit menschlichen Embryonen, wenn dies dazu beitragen kann, neue Wege der Unfruchtbarkeitsbehandlung zu eröffnen? Warum nicht Embryonen im Frühstadium untersuchen und aussortieren, sprich gar nicht erst einpflanzen, falls sie Schädigungen aufweisen? »Die Eskalation des ›Fortschrittes‹ ist nur deshalb möglich, weil immer mehr gegeneinander abgeschottete Experten sich nur für den Teil des wissenschaftlichen Gebäudes verantwortlich fühlen, der ihnen zugeteilt ist.«[6] So JACQUES TESTART, der bei seiner eigenen Forschung diese Eskalation hinreichend erlebt hat.

»Die Humangenetik ist eine Form der Selbstbegegnung des Menschen mit dem Projekt seiner Geschichte. Er hat sich im Gang der Wissenschaft als Mechanismus entworfen und entdeckt nun sein Zentrum als Formel, als ein Mischverhältnis von chemischen Substanzen und biologischen Zellstrukturen. Ein Humanum ist dabei nun einmal nicht aufgetaucht, nicht herausgesprungen, beim besten Willen nicht. Also ist seine Verletzung auch nicht *möglich*. In der Abstraktheit des Labors, im Umgang mit der chemischen Banalität der Substanzen, die dem Gedanken an etwas Lebendiges abstrakt gegenüberstehen wie die Formeln, die dieses ausdrücken und eben gerade nicht, können deswegen Grenzen zwischen Tod und Leben beliebig im Sinne von erfahrungslos, nominalistisch verschoben werden. Nichts schmerzt, nichts antwortet, nichts wehrt sich... Hier *kann* niemand mehr wissen, was er tut. Also kann sich alles einspielen.«[7]

2. Wissenschaftsfreiheit und die Tat der Gedanken

Die Definition einer Technologie als »experimentelle« ist ein soziales Instrument, das in Naturwissenschaften und Technik häufig benutzt wird, um Innovationen – in ihren frühesten und damit verletzlichsten Stadien – abzuschirmen gegenüber der Aufmerksamkeit und Kontrolle der Öffentlichkeit. Die Ausdifferenzierung der Forschung wirkt so als »kulturelle Entdramatisierung«, die möglichen Widerständen begegnet. »Die Ausdifferenzierung von Forschung erweitert den Bereich dessen, was in der Gesellschaft legitimerweise bloß technisch betrachtet werden darf. In der Forschung wird nur die Möglichkeit technischer Möglichkeiten thematisiert, nicht auch deren Implementierung entschieden. Diese Beschränkung bietet nicht nur die Vorzüge der Spezialisierung, sie entlastet die Erzeugung der Technik von den normativen Kontrollen und selektiven Bedingungen spezifischer Anwendungskontexte. Eben dadurch wird die Ausdifferenzierung der Forschung zu einer Innovation, die Innovation beschleunigt.«[8]

Das Postulat der Wissenschaftsfreiheit ist in Epochen entstanden, als es galt, der Wissenschaft Raum zu schaffen gegen Erkenntnisverbote der Kirche, Eingriffe der Herrscher. Seit damals aber hat sich der Handlungsrahmen der Wissenschaft entscheidend verändert. Da der Forscher längst nicht mehr einsam im Elfenbeinturm sitzt, nur seinen Ideen verhaftet, nur von ein paar Glasröhrchen umgeben; da naturwissenschaftliche Forschung heute vielmehr ein Großunternehmen ist, teure Geräte und entsprechende Finanzsummen erfordernd, mit vielen Investitionen und Interessen verflochten – eben deshalb ist sie kein Glasperlenspiel, nicht sozial folgenlos. Die Erzeugung technischer Möglichkeiten gehört nicht bloß ins Reich der Gedanken, sondern erschließt neue Handlungsbereiche, ist derart ineins die »Tat der Gedanken«.[9] Für Parlament und Parteien bleibt unter diesen Bedingungen oft nicht viel mehr als die vage Aussicht, sich nachträglich mit einer Entwicklung zu arrangieren, die in irgendwelchen Werkstätten oder Laboratorien angestoßen worden ist.

3. Legitimationsstrategien

Die Durchsetzung neuer Technologien ist auch Politik. Sie muß Akzeptanz schaffen und bedient sich dazu bestimmter Legitimationsstrategien, wie sie ähnlich auch in anderen Politikfeldern angewandt werden. Aus dem weiten Feld der Möglichkeiten sei hier eine exemplarische Auswahl genannt:

Beliebt und vielgeübt ist im Zusammenhang neuer Technologien der Topos des *Immer schon*, also der Rekurs auf das Argument, die neue Technik sei eigentlich gar nicht neu, sondern in jeder wesentlichen Hinsicht den schon praktizierten äquivalent und damit auch gerechtfertigt. So tendieren Arbeitsmediziner dazu, in genetischen Tests, die angeborene Anfälligkeiten für Berufsrisiken feststellen, nichts qualitativ Neues gegenüber schon bislang benutzten Blut- oder Harntests zu sehen. Ganz entsprechend vertreten Gentechnologen, daß sie im Prinzip nichts anderes tun, als was die klassische Züchtung schon immer getan hat – nur eben besser und kontrollierter.[10] Widerständen gegenüber dem Projekt der Genomanalyse wird mit Hinweis auf den alten GREGOR

MENDEL begegnet.[11] Und Reproduktionsmediziner beginnen einen Artikel über »Die In-vitro-Fertilisation als Substitutionstherapie« mit Verweis aufs Mittelalter und die Antike:

»Seit die Heilkunst praktiziert wird, gibt es Versuche, gestörte Reproduktionsfähigkeit wiederherzustellen. So ist die Reproduktionsmedizin nicht neu, auch wenn sich ihre Methoden und Schwerpunkte geändert haben. Im Mittelalter war die offizielle Medizin geprägt von der Kunst jüdischer und arabischer Ärzte, die meist an den Höfen praktizierten. Die Klöster waren die Hauptträger des medizinischen Wissens. Durch die Tabus, die das Christentum den männlichen Ärzten auferlegte, wurden jedoch Gynäkologie und Geburtshilfe vernachlässigt, die z. B. im vorchristlichen Rom von hochgebildeten Geburtshelferinnen gelehrt und praktiziert wurden. Auch in Deutschland halfen Frauen einander bei der Geburt. Die medizinische Praxis dieser Hebammen umfaßte Verhütungs- und Abtreibungsmethoden ebenso wie fruchtbarmachende Behandlungen und Liebeszauber.«[12]

An dieser Stelle mag der Laie sich fragen, warum dann bei anderer Gelegenheit voller Stolz die Dramatik des Neuen gerühmt wird: »Seit Beginn der 60er Jahre ist der intrauterine Raum auf seinerzeit unvorstellbare Weise vielfältig und dazu außerordentlich rasch erschlossen worden.«[13] Welch ein Durchbruch! Hier klingt es wie die Entdeckung von Afrika, wie die Erschließung des Wilden Westens.

Warum dann bei manchen bloß business as usual, alles normal, nichts Neues unter der Sonne? Die Logik liegt auf der Hand: Was es gestern (im Mittelalter, in der Antike) schon gab, kann heute nicht falsch sein, also kein Grund zu Aufregung, Beunruhigung, moralischen Skrupeln. Die Einführung des Neuen erfolgt hinter dem Schutzschild, dies alles sei »im Prinzip« längst geübt und bewährt. Noch unbekannte Risiken und Gefahren werden wegverglichen, kleingerechnet, umdefiniert. Wenn die Gentechnologie ihren Urvater in GREGOR MENDEL schon hat – man erinnere sich: jene netten roten und weißen Blüten –, warum soll dann ihre Weiterentwicklung im Datenschutz, Arbeitsrecht, Versicherungsrecht große Probleme aufwerfen? Auch der Topos des »Immer schon« wird so als Strategie der »kulturellen Entdramatisierung« eingesetzt: »Alte Technik hat traditionale Legitimität. Und Initiatoren neuer Technik suchen üblicherweise Anschluß an diese Legitimität, indem sie darauf verweisen, daß das Neue nur unwesentlich über das Bekannte und schon Akzeptierte hinausgehe.«[14] Provokativ formuliert: »Man wickelt die Zukunft in die Vergangenheit ein, um sie im Packpapier des scheinbar Vertrauten *ungesehen* und ohne Legitimation über die Sensibilitätsschwellen der Öffentlichkeit zu bringen. Beim Zollamt wird so etwas als Schmuggeln bezeichnet.«[15]

Eine andere Form, Zustimmung herzustellen, folgt der Grundformel *Im Dienste des Guten*. Hier geht es darum, die neue Technik mit allgemein akzeptierten Werten in Verbindung zu bringen und durch diese Allianz unangreifbar zu machen. Für Kinderwunsch und Gesundheit, für Selbstbestimmung und Freiheit, für Menschenwürde und Fortschritt, für Forschung, Erkenntnis und Wahrheit; oder konkreter: Gentechnik im Kampf gegen Krebs, Aids usw.... Von den Pionieren der In-vitro-Fertilisation wird z. B. die Aufklärung zum Verbündeten erklärt: Gegenüber früheren Jahrhunderten des Fatalismus ist »der aufgeklärte Mensch nicht bereit, sich in ein Leiden zu fügen, für das es medizinische Hilfe gibt«.[16] Wer hier widerspricht, setzt sich dem Verdacht aus, das Gute verhindern zu wollen. »Technische Möglichkeiten lösen nicht nur bestehende Wertungen auf, sie bilden auch neue. Sofern Techniken die Optionen erweitern, in der Kultur etablierte Werte zu verwirklichen, definieren sie die Reichweite dieser Werte um... Gleichzeitig werden damit... die technischen Möglichkeiten in den Schutzbereich der Werte integriert.«[17] Eine Zwickmühle wird konstruiert. Wer dagegen ist, ist dafür, daß Frauen am unerfüllten Kinderwunsch leiden oder Kinder an Krebs sterben. Und die Moral ist immer wieder die gleiche: Der gute Zweck heiligt die Mittel.

»Dies ist die legitimatorische Dimension. Garantiert die Gesellschaft Rechte, die den Werten korrespondieren, erstrecken sich die Rechte auch auf die Nutzung der Techniken. So werden beispielsweise aus dem durch die Verfassung garantierten Schutz der Gesundheit, aus der Freiheit, eine Familie zu gründen, oder einfach aus dem allgemeinen Grundsatz der

Selbstbestimmung, nach dem jeder über die Gestaltung seines Lebens und über den Umgang mit seinem eigenen Körper ohne fremde Einmischung selbst entscheiden können muß, individuelle Ansprüche abgeleitet, von den vorhandenen technischen Möglichkeiten auch Gebrauch machen zu können. Solche Ansprüche sind legitim und können durch regulative Politik nur unter erhöhten Argumentations- und Beweislasten überspielt werden... Gesellschaftliche Werte sind nicht nur ein Gegengewicht zu technischer Dynamik, sondern auch deren Vehikel. Die Einbeziehung in den Schutzbereich individueller Ansprüche schirmt technische Möglichkeiten gegen politische Eingriffe ab.«[18]

Wenn die Formel »Im Dienste des Guten« hier als Argumentationsstrategie dargestellt wird, um Zustimmung zu gewinnen, so soll dies keineswegs heißen, der Bezug auf allgemein akzeptierte Werte sei nichts als Fiktion und pure Erfindung. Natürlich gibt es hinlänglich Beispiele dafür, wie diese Techniken eingesetzt werden können, z. B. um Krankheiten abzuwenden und Schmerzen zu mildern. Diese Verbindung existiert also tatsächlich, ja die Legitimationsstrategie bezieht gerade daraus ihre Kraft, daß die Verbindung in vielen Fällen evident ist.

Aber umgekehrt ist der Wertbezug häufig auch unsicher, in seinen wissenschaftlichen Grundlagen umstritten, für Laien nicht kontrollierbar. Oft wird die Legitimationsbasis gedehnt und erweitert, durch Analogien und Vergleiche von den sicheren zu den unsicheren Fällen voranschreitend. Oft weiß auch keiner genau, wo die Grenze wirklich verläuft. Das »Prinzip Hoffnung« ist Teil der Legitimation, aber ebenso auch ureigenster Motor der Forschung – wie kann man da trennen? (Wer kann heute schon mit Sicherheit sagen, ob die Gentechnik im Kampf gegen Aids eine Therapie bieten kann oder nicht?) Und diese unscharfe Trennlinie trägt ihrerseits dazu bei, den Radius für Wertbezug und Legitimation zu erweitern.

Wie hat IVAN ILLICH provokativ formuliert: »Die neuen Spezialisten... kommen gern im Namen der Liebe daher.«[19] Schon werden die neuen Fortpflanzungstechnologien mit dem Hinweis verbunden, es sei besser, den Geburtsabstand genau zu planen, da eine zu schnelle Geburtenabfolge die Gesundheit der Kinder gefährde: »Es ist nachgewiesen, daß Kinder, die zu kurz aufeinander folgen, eher zu Erbschäden neigen. Solche Risiken lassen sich ausschalten, wenn man der Frau, solange sie jung ist, ein Ei entnimmt, es im Labor mit dem Sperma des Mannes befruchtet und einfriert, bis es ein paar Jahre später gebraucht wird.«[20] Und als die Leihmutterschaft ins Kreuzfeuer öffentlicher Fragen gerät, wird im Gegenzug argumentiert, daß Leihmutterschaft, wenn mit Bedacht arrangiert, viele Risikofaktoren ausschließen könne, die im Fall der natürlichen Zeugung auftreten und die »für das Kind fatal sein können – ungewollte Schwangerschaft, schlechte Gesundheit der Eltern (sowohl emotional wie auch physisch), Drogenkonsum«.[21] Soviel zumindest kann man aus der bisherigen Entwicklung sicherlich ablesen: Die allgemein akzeptierten Werte – und darunter vor allem die medizinischen Zwecke – haben bislang noch immer legitime Anwendungsfelder für die weitere Technisierung des Menschen eröffnet. Warum also nicht Embryonen als Ersatzteillager, wenn sie für Heilungszwecke Vorteile versprechen?

So zwei Pioniere der Fortpflanzungstechnologie: »Embryonen, bis über das Blastozytenstadium hinaus kultiviert, könnten zum ›Ersatzteillager‹ für differenziertes menschliches Gewebe werden. Wo Knochenmark-, Hirn- oder Leberzellen vom Untergang durch Erkrankung bedroht sind, könnte man auf sichere Reserven zurückgreifen. Herzen, Nieren und Leber transplantieren wir schon, wenn wir sie dem eben Verstorbenen entnommen haben. Die Immunabwehr kann die Organtransplantation vereiteln, die Übertragung embryonaler Zellen nicht. Eizellen, Samenzellen stehen zur Verfügung. Doch gegen eine solche Behandlung mit embryonalen Zellen wehren wir uns. Warum eigentlich reagieren wir hier so empfindlich, wenn beispielsweise bei der Krebstherapie embryonales Leben menschliches Leben retten kann?«[22]

Und hier wie in anderen Bereichen gilt: Erfolg ist die beste Werbekampagne. Deshalb ist es ein durchaus normales Verfahren, wenn auch die Pioniere der Biotechnologien gern ihre Erfolgsfälle vorführen. Am besten noch optisch, das Farbfoto zeigt's: glückliche Mütter und reizende Babys.

Ein Problem allerdings ist, daß dieser Erfolg – vielfach nicht kommt. Das gilt insbesondere für die In-vitro-Befruchtung, an der sich so viele Emotionen und Konflikte entzünden. Ein Schönheitsfehler, der zu weiteren Kritiken reizt. Die Pioniere in diesem Bereich haben deshalb vielerlei Möglichkeiten entwickelt, um die Statistik »kreativ zu gestalten« und die Erfolgsrate, zumindest auf dem Papier, kräftig nach oben zu steigern (ein besonders anschauliches Beispiel liefert eine große amerikanische Hochschule, die nach eigener Darstellung eine Erfolgsquote von 25 Prozent hat, obwohl sie noch nicht die Geburt eines einzigen Kindes aufweisen kann).[23] Im Volksmund nennt man das: Bilanzen frisieren.

Solche Praktiken der *Potemkinschen Erfolge* werden inzwischen auch in renommierten Fachzeitschriften beklagt. Doch da viele der In-vitro-Befruchtungszentren nach den Gesetzen des Marktes funktionieren, müssen sie, um die Nachfrage zu sichern, die Attraktivität ihres Angebots eindringlich machen. Dazu der Mediziner URBAN WIESING: »Das Hantieren an den Ergebnissen läßt auf ein Eigeninteresse der Medizin an dieser Methode schließen, denn die beteiligten Paare haben keinerlei Vorteil von retuschierten Statistiken. Im Gegenteil, sie werden getäuscht... Es geht... weniger um das Wohl der Patienten, sondern um... besonders gute Ergebnisse in der Gruppe der konkurrierenden Zentren und um Akzeptanz der Methode in der Öffentlichkeit. Es geht der Medizin um die ungehinderte Entwicklung ihrer eigenen Technologie.«[24] Die alte Devise, Erfolg heiligt die Mittel, gilt auch für Potemkinsche Erfolge. Das »Geschäft mit der Hoffnung«[25] floriert.

Doch es wäre zu einfach, wollte man hier nur die Werbefachleute der In-vitro-Befruchtung betrachten. Die besten Verkaufsstrategien ziehen wenig, wenn nicht auf seiten der potentiellen Abnehmer auch ein Bedarf, eine zumindest partielle Bereitschaft existiert. So auch hier. Aus vielen Hinweisen deutet sich an, daß sich in der Öffentlichkeit oft eine Spaltung der Motivationen zeigt. Da wird bei vielen Männern und Frauen die Fortpflanzungs- und Gentechnologie mit Unbehagen betrachtet, ja »im Prinzip« eher abgelehnt – aber wenn dieselben Männer und Frauen konkret dann ans eigene Leben denken, an die Besonderheit der eigenen Situation, dann werden doch Hoffnungen wach, und die Schranken verschwinden. Für sich selbst weiß man ja, daß man verantwortlich handelt, Mißbrauch nicht mitmacht, Grenzen wahrnehmen kann... So mögen die meisten der Frauen, die die deutsche Geschichte kennen und von Euthanasie einmal gehört haben, jede Eugenik ablehnen. Aber in ihrem eigenen Leben werden viele dennoch die pränatale Diagnose als Verfahren begrüßen, um das Altersrisiko »auszubalancieren« und die Angst vor dem behinderten Kind vergessen zu können. (Und sie haben genug gute Gründe: Wie unsere Arbeits- und Lebenswelt ausschaut, sind Frauen schon mit einem gesunden Kind behindert genug.) Andere Frauen, die Medizintechnologie und Patientenkarrieren mit Unbehagen betrachten, mögen dennoch versucht sein, für sich selbst die In-vitro-Fertilisation zu probieren – etwa wenn sie eine Sterilisation machen ließen, dann aber, in der neuen Partnerschaft, doch noch ein Kind wollen. Ein weiteres Beispiel ist die Leihmutterschaft. Die Verurteilung der Leihmutterschaft geht durch nahezu alle gesellschaftlichen Gruppen gleich welcher politischen Orientierung. Doch »trotz dieser nahezu einhelligen Ablehnung florieren die Geschäfte der Vermittler«[26] (zumindest da, wo sie erlaubt sind, und anderswo vielleicht auf dunkleren Pfaden). Was hier stattfindet, ist eine Spaltung zwischen »allgemeiner« und »privater« Moral, und zwar innerhalb derselben Person, dem Kompaß ihrer Bedürfnisse folgend (für Psychologen kaum überraschend, die Mechanismen der bedürfnisorientierten Wahrnehmung und der Dissonanzreduktion funktionieren eben auch hier). Die Ambivalenz, die damit kennzeichnend ist, trägt wiederum dazu bei, Tabus abzubauen und den Radius des sozial Akzeptierten zu erweitern. Die Durchsetzung läuft über ein Muster, das man die *Brückenkopf*-Strategie nennen könnte:

Es bleibt die Frage, »warum neue Techniken sich auch dann durchsetzen, wenn sie auf Widerstand stoßen, ihre Einpassung also konflikthaft erfolgt. Diese Frage verweist auf die Verfassung des ›rezipierenden‹ sozialen Systems, in das die neue Technik eingeführt werden soll. Der entscheidende Mechanismus ist dabei, daß die neue Technik in dem Augenblick ihrer sozialen Wahrnehmung beginnt, bis dahin geltende Erwartungs- und Verhaltensstrukturen kontingent zu setzen und neue Erwartungshorizonte zu eröffnen... Die zur Konzipierung und Realisierung einer neuen Technik erforderliche soziale Organisation bildet eine Art Brückenkopf im sozialen System, von dem aus die Expansion ihren Ausgang nimmt. Die ›Einpassung‹ der neuen Technik... nimmt... ihren Ausgang in einer Situation der zumindest partiellen Akzeptanz. Man kann das Bild der Kolonialisierung bemühen: der Siegeszug der Kolonialisatoren auch gegen die drückende Übermacht der ›alten Kulturen‹ läßt sich immer nur dadurch erklären, daß diese den Eindringlingen gegenüber gespalten und ambivalent sind.«[27]

Aber dennoch, trotz aller Erfolge (der realen wie der Potemkinschen), trotz aller Verheißungen: In der öffentlichen Diskussion bleibt die Bedrohung ein beharrliches Thema, werden Gefahren und Risiken vorgeführt. »Gentechnik ist Eugenik!« rufen die Gegner, sie führe zur Auslese der Arbeitnehmer, sie grenze Behinderte aus. Da aber die Durchsetzung von Technik ein »multifaktorieller Prozeß« ist (siehe oben[28]), also nicht aus der Technik allein sich ableiten läßt, sind solche Formeln so einfach sicher *nicht* zutreffend. Darauf verweisen denn auch die Pioniere der Biotechnik sehr gern, und sie haben – rein wissenschaftstheoretisch gesehen – zweifellos recht. Doch sie gehen oft noch einen Schritt weiter und sagen, die Gefahren – so es sie gäbe – lägen an anderer Stelle. Die Technik per se, so ihr Bild, sei neutral. Wenn es zu Mißbrauch denn käme, so läge dies an denen, die sie anwenden. Schuld sind die Nutzer, die Menschen, die Gesellschaft, die Politik, die Kultur, die Dummheit, die schlechten Motive – nur nicht die Technik. Kurz zusammengefaßt: *Schuld sind die andern*. Während sie sonst den Blick gern in den eigenen Fachgrenzen halten, zeigen die Pioniere der Biotechnik hier immense Bereitschaft, die Macht des Kulturellen zu entdecken: »Gibt es denn nicht, so möchte ich die Kritiker fragen, neben dem genetischen auch ein kulturelles Erbe? Die Überbetonung der Rolle der Gene erscheint mir maßlos und ungerechtfertigt.«[29]

Und wieder zwei Pioniere der Fortpflanzungstechnologie: »Nicht die genetische Manipulation kann allein Unheil bewirken. Ein ganzer Staat, ein ganzes Land... hat es ohne Manipulation an Gen-Pool fertiggebracht, über sechs Millionen Juden umzubringen. Das Ausmaß genetischer Manipulierbarkeit sollte endlich einmal relativiert werden. Die nicht-genetischen Manipulationen in allen Gesellschaften machen uns doch viel mehr zu schaffen. Auch sollten wir... zur Kenntnis nehmen, daß wir in unserer Gesellschaft ständig über Menschenwürde reden und gleichzeitig reaktionslos Nachrichten und Bilder aus Medien über uns ergehen lassen. Das Fußballspiel in Brüssel... liegt noch nicht so lange zurück... Heil und Unheil, Glück und Unglück besorgen... mehr die politischen, religiösen und wirtschaftlichen Systeme...«[30]

Zwar geht es den Kritikern nicht um die Rolle der Gene, sondern um die der *Gentechnik* und ihrer Nutzung, was logisch wie praktisch etwas ziemlich anderes ist. Doch dieser Unterschied ist den Befürwortern entweder nicht klar, oder er wird elegant übergangen. (Überhaupt dürfte die Untersuchung der Argumentationsmuster, -unschärfen, -lücken, die aus solchen Passagen sich herausfiltern lassen, für Politik- und Sprachwissenschaftler eine reizvolle Aufgabe sein. Aber nein, das wollen wir hier nicht weiter betreiben.) Beschreiben wir nur analytisch: Wo viele Faktoren zusammenkommen, hat der Streit um die »letzte Ursache«, sprich um die, die als entscheidende herausgestellt wird, enorme politische Brisanz. »Ansatz- und Abbruchpunkte von Kausalerklärungen lassen sich häufig nur pragmatisch rechtfertigen und können als strategische Variablen gesellschaftlicher Schuldzuweisung bzw. -entlastung dienen.«[31] Der argumentative Effekt ist beträchtlich. Durch Ursachenverschiebung, im Pingpong betrieben, kann die eigene Rolle – z. B. von Forschung und Technik – ganz im Dunkel verschwinden. Sie löst sich in irgendwelchen Neben- und Nebelsphären auf. Wenn es gelingt, technische Gefährdungen als Teil der menschlichen Natur oder Kultur erscheinen zu lassen, »so wird ihnen ihre soziale Sprengkraft entzogen. Sie werden... aus dem Kontext technischer Verantwortung und Beeinflußbarkeit verbannt.«[32]

Wenn dann immer noch Zweifel und Widerstände aufkommen, dann bleibt als Legitimationsstrategie noch die *Delegitimierung* – natürlich des Gegners. Man kann den Kritikern die vernünftige Grundlage bestreiten, etwa indem man ihnen den Sachverstand abspricht oder »Lust am Grauen«[33] unterstellt, indem man ihre Ängste irrational nennt und darin den Blick für Proportionen vermißt, schließlich – last but not least – indem man die irreparablen Gefahren ausmalt, die im Technikverzicht liegen. Ja überhaupt, ist es nicht gerade die endlose Diskussion um Gefahren, die die schlimmsten Gefahren erzeugt? So der Präsident der Deutschen Forschungsgemeinschaft, der vermutet, »die größten Risiken der gentechnischen Biotechnologie [bestehen] in der Freisetzung von Schreckensszenarien...«[34] Die Devise heißt stets: Gegen Zögern und Zaudern, gegen Panikmache und Angst! Statt dessen Verantwortung tragen und mutig den Blick in die Zukunft gewandt!

Vor der letzten Lesung des Gentechnikgesetzes im Deutschen Bundestag wandten sich die Präsidenten der Wissenschaftsorganisationen mit einer gemeinsamen Erklärung zur Gentechnologie an die Fraktionsvorsitzenden des Deutschen Bundestages. Darin heißt es u. a.: »Wir bedauern es, daß diese Diskussion, soweit sie die Gentechnologie betrifft, von ihren Kritikern oft ohne den für eine Wertung erforderlichen Sachverstand geführt wird... Angst und Emotion sind verständliche Reaktionen, die die Politik und Gesetzgebung berücksichtigen müssen... Aber die Wissenschaft muß... versuchen, aus ihrem Sachverstand heraus diese Emotionen in eine der Sache angemessene Proportion zu rücken.«[35]

Und noch einmal zwei Pioniere der Fortpflanzungstechnologie: »Können und dürfen wir mögliche Gefahren als angemessenen Maßstab erkennen für das, was wir verantwortlich jetzt zu entscheiden haben? Wir drohen zu Opfern unseres eigenen Mißtrauens zu werden... Angst ist niemals ein guter Berater gewesen bei der Bewältigung sich abzeichnender Entwicklungen. Widerstand gegen Panik gilt es zu entwickeln; mehr Gelassenheit ist gefordert für die Annahme oder Verwerfung der Optionen für unsere Zukunft... In unseren Ängsten sehen wir häufig den Segen des Fortschritts nicht... Warum sollten wir von den zwei Seiten der Fortschrittsmedaille immer nur ängstlich auf die häßliche starren?«[36]

Sprachpolitik

Die zuletzt genannten Beispiele lassen schon ahnen: Ein weites Feld, um Zustimmung zu schaffen, ist die Sprachpolitik. Hier bieten sich vielerlei Varianten, wovon ich hier nur zwei herausgreifen will, nämlich einmal das Motto *Schönes Betonen*, das andere Mal *Störendes Ausblenden*.

Zur Einführung in die erste Kategorie nehme man etwa »Sunshine Genetics«, frei übersetzt »Sonnige Gene«, die Firmenbezeichnung für ein Marktunternehmen, das auf die Übertragung von Embryonen spezialisiert ist; oder »Reproductive Freedom International«, so der Name eines Unternehmens, das Leihmütter anbietet.[37] Dies freilich gehört zur Sorte der plumperen Beispiele. Subtiler ist schon der Begriff der Samenspende gewählt, sogleich die Assoziation mit der Blutspende hervorrufend, und überhaupt, ist Spende nicht etwas Gutes, Humanes, von Herzen kommend, Altruismus anzeigend? Nach ähnlichem Muster funktioniert AID, zu deutsch also Hilfe, die Abkürzung für »artifical insemination donor«, für die künstliche Befruchtung via Samenspender. Und ähnlich auch GIFT, zu deutsch ein Geschenk, die englische Abkürzung, die für eine Variante der In-vitro-Fertilisation steht. Bei so viel Hilfsbereitschaft kann schon die Frage aufkommen: Warum nicht mal einen Vierzeller für die Wissenschaft spenden?[38] Und um dessen verantwortungsvolle Verwendung zu regeln, steht dann ein »Embryonenschutzgesetz« an.

Diese Bezeichnung kann überleiten zur zweiten Variante, wo Störendes aus dem Blickfeld gelenkt wird. Das Embryonenschutzgesetz in seiner gegenwärtigen Vorlage dient nämlich nicht unbedingt vorrangig dem Schutz des Embryos, sondern durchaus anderen Interessen und Zwecken, wie anläßlich der Anhörung vor dem Rechtsausschuß des Deutschen Bundestages eine Juristin formulierte: »Ein Gesetz, welches die Vernichtung der Embryos gestattet, überwiegend die Verhinderung seines Entstehens zum Ziel hat, im übrigen Drittinteressen oder allgemeine Dogmen schützen will, kann nicht als EmbryonenschutzG[esetz] bezeichnet werden.«[39] In der Alltagssprache würde man derartiges wohl als Etikettenschwindel bezeichnen.

In anderen Fällen werden Begriffe aus der Fachsprache der Wissenschaft verwandt, die den Kern dessen, was an Handeln gemeint ist, in seriöser Abstraktheit verpacken und praktisch unkenntlich machen. Da wird z. B. die In-vitro-Befruchtung als Idealmethode der Zukunft dargestellt, um das Auftreten schwerer Geburtsfehler zu vermeiden – was genauer wohl heißt: die Existenz von behinderten *Kindern*. Im Bereich der pränatalen Diagnostik ist Prävention überhaupt eine Lieblingsvokabel, etwa als »Prävention des Down-Syndroms« verwandt.[40] Dabei ist eine Vorbeugung hier gerade nicht möglich, sondern nur ein *nach*träglicher Eingriff im Falle des Falles, zu deutsch also: ein Schwangerschaftsabbruch. Verbreitet sind auch Analogien etwa folgender Art: »Die Gesellschaft sollte beschließen, Muskeldystrophie, Tay-Sachs-Krankheit... ebenso auszulöschen, wie man... Masern beseitigt hat.«[41] Mit dieser Analogie werden kleine Unterschiede elegant umspielt, handelt es sich im einen Fall doch um Impfen, damit Gesundheit und Leben des Patienten geschützt werden, im anderen Fall aber um Schwangerschaftsabbruch, womit das Leben des Embryos definitiv endet. Hier wird schon sichtbar, wie man bei umstrittenen Projekten das Instrument der Begriffsdehnung einsetzen kann, um anstößige Bereiche aus dem Bewußtsein zu schieben. Weil genetische Freisetzungsexperimente auf Widerstand stoßen, erinnert der Präsident der Deutschen Forschungsgemeinschaft daran, »genaugenommen [sei] sogar jede Geburt eines Menschen ein genetisches Freisetzungsexperiment«.[42] Und eine veränderte Deutung der Begriffe »Disposition«, »Prävention«, »Therapie« kann Definitionsgrenzen verschieben, die bisher den ärztlichen Eingriff limitierten.

Dazu kritisch der Biologe RAINER HOHLFELD: »Das zeigt sich z. B. bei der Genübertragung zu therapeutischen Zwecken oder der Korrektur immunologischer Defekte... Die intendierten Anwendungen laufen... fast alle auf eine lebenslange Prophylaxe einer angeborenen genetischen Disposition... hinaus, also auf ein Projekt positiver Eugenik, welches im Gewande einer ›lebenslangen Krankheitsprävention‹ einherkommt.«[43]

Man nehme als letztes Beispiel die chirurgischen Eingriffe am Fötus, eine medizinische Wachstumsbranche mit Zukunft. Da der Fötus bekanntlich nicht allein existiert, betreffen Operationen an ihm stets auch die Mutter, greifen ein in ihren Leib und ihr Leben, gehen nicht ohne entsprechende Risiken ab. Die freilich werden in der einschlägigen Diskussion oft nicht mehr sichtbar, wird die Frau doch unter der Rubrik »fötales Umfeld« geführt und derart wegdefiniert[44]; und in anderem Zusammenhang wird sie ähnlich gesichtslos, als Person völlig verschwindend, nur noch als »therapeutische Modalität« aufgeführt.[45]

Was, das sei nur eine fachspezifische Begriffswahl, für den Außenstehenden vielleicht etwas seltsam anmutend, aber in der Medizin durchaus üblich? Mithin nicht Strategie, sondern neutral, unparteiisch, objektiv, Wissenschaft eben?

Nein, das ist mehr. Ob üblich oder nicht, ob Strategie oder nicht, Sprache hat Folgen. Sprache lenkt unseren Blick (und dies um so mehr, je schwerer faßbar die Welt), unsere Erwartungen, nicht zuletzt unsere Emotionen. Sprache ist Kompaß, definiert Realität, Weltbild, Handlungsanweisung. Wenn Frauen als fötales Umfeld gelten, kann man ihre Rechte ausblenden. Wenn man auf schwere Geburtsfehler schaut und die Embryos, die zufällig dran hängen, nicht mal mehr in der Sprache auftauchen, dann kann man mit diesen Embryos tun, was immer geboten erscheint, im Fachjargon wieder: Qualitätskontrolle mit Fehlersortierung.

Der Preis der Spezialisierung

Aber halt. Die Sprachkonstrukte anderer Disziplinen aufzuspießen ist gefährlich. Vor allem, wenn man selbst im Glashaus der Sozialwissenschaften sitzt. Als hätten diese, die Sozialwissenschaften, nicht genug eigene Sünden zu bieten, Sprach(Un)gebilde wie frisch aus dem Datensatz-Computer gespuckt, verbal flächendeckende Maßnahmen, die höchste Abstraktionsstufen erreichen, noch die letzten Spuren von Farbe, Anschauung, Leben erbarmungslos ausgepreßt. All die Strukturen, Prozesse, Systeme... Wo bitte bleibt hier das Subjekt? Das doch dort, bei den anderen, soeben eingeklagt wurde?

Dies sollte daran erinnern, daß Sprachformeln wie die, die da am Beispiel der Medizin vorgeführt wurden, nicht nur als Legitimationsstrategien fungieren und als solche bewußt ausgedacht werden. Es wäre einfach, ginge es hier nur um das Tun einiger Forscher, die sich bemühen, ihr Tun zu verschleiern. Die Problematik liegt tiefer. Dahinter steht nämlich, wie oben beschrieben, ein Forschungskontext, der insgesamt durch Spezialisierung und Abstraktheit gekennzeichnet ist, und dies nicht nur in den Natur-, sondern auch in den Sozialwissenschaften. Im Blick dieser arbeitsteiligen Spezialisierung wird die Frau tatsächlich – nicht nur aus etwaigen Verschleierungsabsichten heraus – zum Umfeld, zur Randbedingung. Die Unterscheidung zwischen Embryonen und Präembryonen mag eine politische sein, um einen Freiraum für Forschung am Embryo, pardon: Präembryo durchzusetzen. Aber beim Blick durchs Mikroskop bietet sich tatsächlich ein Vierzeller dar oder fötales Gewebe, jedenfalls keine Person, die laut ruft: Ich bin menschliches Leben!

Diese Art hochspezialisierter Forschung hat nichts mehr mit Personen zu tun, sondern mit Partikeln und elementaren Funktionen. Sprachformeln wie die oben zitierten sind deshalb nicht vorrangig Produkt von Verschwörungsinteressen, sondern Produkt eines Denkens und Handelns, das im Kern der Moderne angelegt ist, in jenem Rationalisierungsprozeß eben, der mit der Aufklärung auch die Dialektik der Aufklärung bringt. Die Medizin ist hier nur ein besonders anschauliches Beispiel. Um ihrem ureigensten Auftrag, dem des Heilens, zu folgen, freilich auch, um die wissenschaftliche Neugier weiterzutreiben, aus diesen legitimen Motiven wird eine Entwicklung beschritten, die das Feld in immer kleinere Parzellen zerlegt. Erst in den späteren Stufen wird spürbar, wie so zwangsläufig immer mehr Abstraktheit, Erfahrungslosigkeit, Unsinnlichkeit erzeugt wird – mit all den Dilemmata, die in dieser Handlungslogik angelegt sind. Daß diese Welt der Unsinnlichkeit dann auch undurchsichtige Sprachspiele, allerlei Legitimationsstrategien erlaubt, ist, wie gesagt, nur ein Teil der Geschichte. Doch ist dieser Nebeneffekt zweifellos nützlich, wo es gilt, Angriffsflächen im dunkeln zu halten und neue Technologien gegen Widerstände zu schützen.

4. Gegenstrategien oder:
Von der Machbarkeit der Sachzwänge

Normalisierungspfade und Akzeptanzkonstruktionen öffnen das Feld für die Durchsetzung neuer Technologien, bauen Widerstände ab, lassen Zweifel verstummen. Jedoch: Auch die Kritiker können sie nutzen. Es ist ein bißchen wie beim internationalen Spionagegeschäft. Wenn man den Agenten des Gegners enttarnt, kann man ihn umdrehen und zur eigenen Informationsquelle machen. Wenn man sieht, wie die Normalisierungspfade und Akzeptanzkonstruktionen angelegt sind, kann man Gegenstrategien entwickeln, vielleicht auch andere Baupläne einfordern.

Zum Beispiel erstens: Wenn man sieht, wie die arbeitsteilige Spezialisierung der modernen Naturwissenschaften Hemmschwellen herabsetzt, im Serienverfahren Nebenwirkungen herstellt, dann muß die Forderung lauten – nein, diese Spezialisierung nicht abzuschaffen (denn sie hat ja bekanntlich auch Vorteile), wohl aber, hier gezielt Gegengewichte zu schaffen. Es gilt, entgegen dem Zwang zur Spezialisierung einen Zwang zum fächerübergreifenden Denken zu schaffen, durch strukturelle Anreize in Studium, Forschung und Praxis zu verankern, um den Blick immer wieder auf das sperrige, störende, unbequeme und eben deshalb so nötige Ganze zu lenken, auf die Wirklichkeit jenseits der engen Fachgrenzen. Es gilt, mit anderen Worten, jene Maßstäbe und Kriterien, jene Auswahlverfahren und Karriereleitern zu ändern, die den Blick über die Grenzen bestrafen und die Entwicklung zum Fachidioten prämieren. Damit keiner mehr sagen kann, was jener Operateur zu seiner Verteidigung vorbrachte, der wegen Nierentransplantationen in Zusammenhang mit Organhandel vor Gericht stand: »Ich bin ein Techniker, ich nehme Nieren heraus, das ist alles. Ethische Fragen der Medizin haben mich nie interessiert.«[46]

Eine Utopie? Mag schon sein. Aber wenn sie nicht umgesetzt wird, wenn wir nicht Formen finden, die den Blick aufs Ganze nachdrücklich fördern und fordern, über alle Widerstände hinweg – dann, das ist absehbar, werden die Risiken, die Kehrseiten der modernen Medizintechnologie enorm anwachsen. Und dies nicht nur im Bereich der Nierentransplantationen.

Um die Utopie konkreter zu machen, nehme man als Beispiel jene Kommissionen, Gremien, Ausschüsse, die zur Zeit immer zahlreicher werden, je mehr über »Chancen und Risiken« neuer Technologien diskutiert wird. Hier kann man die Pflicht zum fächerübergreifenden Denken relativ einfach verankern, und zwar durch entsprechende Auswahl. Wenn diese Kommissionen irgendeine Funktion haben sollen außer der, bereits eingeschlagene Wege zu legitimieren, wenn sie – welch vermessener Gedanke! – wirklich unser Wissen erweitern sollen um jene Fragen, für die heute keiner die endgültige Antwort schon parat haben kann – dann ist es nötig, ich sag's mal verwegen, solche Kommissionen bunt zu besetzen. Also nicht vorrangig mit Insidern, die (wer wird's ihnen verübeln) ihre Berufs-, Standes- und Forschungsinteressen vertreten. Statt dessen mit Menschen aus unterschiedlichen Gruppen, mit entsprechend unterschiedlicher Erfahrung und unterschiedlichem Wissen. Das muß nicht gerade heißen, Laien nach dem Zufallsprinzip von der Straße zu holen. Aber wenn schon nicht Laien (warum eigentlich nicht, als Vertreter der »mündigen Bürger«?), dann wenigstens keine Majorität den Interessenvertretern, die sich selbst kontrollieren. Dann wenigstens den Kreis der Experten und Gegenexperten bunter durchmischen, sprich: andere Mehrheitsverhältnisse schaffen. Nennen wir mal ein Beispiel, wie es *nicht* laufen sollte:

Die Bundesärztekammer hat eine Zentrale Ethikkommission eingesetzt, die für die Wahrung ethischer Grundsätze in der Forschung an menschlichen Embryonen sorgen soll. Über die Zusammensetzung der Kommission schreiben zwei Mediziner, die selbst im Bereich der Fortpflanzungstechnologie arbeiten: »Der Zentralen Ethikkommission gehören als Wissenschaftler praktisch nur Mitglieder an, die gegenüber Forschung an menschlichen Embryonen aufgeschlossen sind.«[47]

Um die Sache noch konkreter zu machen, darf ich an dieser Stelle vielleicht aus dem Nähkästchen der eigenen Erfahrung plaudern, nämlich aus dem Arbeitskreis Genforschung, vom Bundesminister für Forschung initiiert. Hier sollten nicht fachspezifische Fragen der Naturwissenschaften diskutiert werden, sondern – so die vorgegebene Aufgabe – die »ethischen oder sozialen Konsequenzen«, die »Bedeutung für das Selbstverständnis des Menschen«, für die »Haltung... gegenüber dem Mitmenschen«.[48] Wenn das aber die Aufgabe war – warum war dann die Auswahl der Experten so, wie sie war? Warum sah die geschlechtsspezifische Verteilung unter den geladenen Experten zunächst so einseitig aus, wahrhaftig kaum eine Verteilung zu nennen (eine Frau, neunzehn Männer), daß es in den Medien zu öffentlicher Kritik kam? (Danach stieg die Frauenquote dramatisch, zwei Frauen statt einer.) Warum waren, gegenüber neun Naturwissenschaftlern (zum Teil direkt in gentechnischen Unternehmen oder molekularbiologischer Forschung involviert), nur zwei Sozialwissenschaftler geladen? Und vor allem, warum war kein einziger Vertreter der Behindertengruppen zugegen – während doch gerade in diesen Gruppen die Genomanalyse und Gentherapie aufs heftigste diskutiert wird?

In der ZEIT stand als Kommentar damals zu lesen: »Wieso reden nur Naturwissenschaftler, Soziologen, Theologen und Industrielle darüber? Wieso nicht ein paar Pädagogen, ein paar Dichter, ein paar Maler, Musiker? Wieso nicht Robert Wilson, Jurek Becker, Walter Jens? Wieso nicht ein paar ganz normale Menschen? Wieso nicht – ach, es fällt uns immer erst zum Schluß ein – wieso nicht eine Hälfte Frauen? Bei diesem Thema!«[49]

Zweitens: Wenn die Wissenschaftsfreiheit unter den Bedingungen des modernen Forschungsbetriebs leicht zum Instrument wird, um neue Technologien gegen kritische Fragen der Öffentlichkeit abzuschirmen, was zugleich das Tor für die breitere Anwendung öffnet – dann ist das Postulat der Wissenschaftsfreiheit neu zu formulieren. Es gilt, die Gedankenfreiheit zu erhalten, *ohne* damit einen Freibrief für Tatenfreiheit zu geben.

»Die Frage, worauf sich das Privileg der Forschungsfreiheit stützt, wenn die Voraussetzungen, an die es einst gebunden war, hinfällig geworden sind, [ist] nicht mehr zu umgehen... die Grenzen, die dazu bestimmt sind, die angewandte Wissenschaft zu zügeln, können nicht von ihr selbst gezogen werden. Sie müssen von außen vorgegeben und durchgesetzt werden... Je mehr ihre Macht zunimmt, desto stärker wird die Politik darauf achten müssen, daß ihre Stimme nicht wie das matte Echo auf Entscheidungen wirkt, die anderswo getroffen worden sind.«[50]

Drittens: Wenn die Pioniere der Biotechnik sich bestimmter Legitimationsstrategien bedienen, um Zustimmung aufzubauen und Widerstände zu brechen, dann gilt es, ebendiese Legitimationsstrategien sehr kritisch und genau zu betrachten. Was davon ist Wahrheit, was ist Legende? Wie etwa werden Erfolgsstatistiken produziert, und welche Mißerfolge werden eventuell wegdefiniert? Wo wird bei der Gefahrendiskussion Ursachenverschiebung, ein »kausales Abschmettern der Risiken«[51] betrieben? Wo sind Grauzonen, und welche Weißmacher werden benutzt? Welche Nebenfolgen bleiben ganz aus dem Blick? Für solche Analysen bedarf es des interdisziplinären Dialogs. Es bedarf mindestens ebenso auch, ja vor allem der Stimmen jener Naturwissenschaftler, die die Fortpflanzungs- und Gentechnologie von innen her kennen, sowohl die Verheißungen wie die Gefahren. Sie können am schärfsten erkennen, wo die Angaben nicht stimmen, wo Statistiken Lücken aufweisen, wo Erfolgsraten schönfrisiert werden.

Wiederum eine Utopie? Vielleicht doch nicht ganz. Daß hier eine Bereitschaft existiert, lassen die Diskussionen erkennen, die heute schon innerhalb der Naturwissenschaften geführt werden, unter Medizinern, Biologen, Genetikern. (Die Humangenetik, das wird das nächste Kapitel zeigen, ist dafür ein anschauliches Beispiel.) Je mehr die Biotechnik – oder genauer eben: einige ihrer Betreiber – in immer weitere Bereiche vorstößt, desto mehr Fachkollegen gibt es, die in ihrer eigenen Berufspraxis erfahren, welche Dilemmata und Konflikte ineins mit den Verheißungen produziert werden. Eminent wichtig ist deshalb, daß diese Erfahrungen ein Forum bekommen – in Fachzeitschriften, in Gremien, Kongressen, Standesorganisationen. Es gilt, Formen der professionsinternen Technikkritik zu fördern und institutionell zu verankern. Ein Hauch von APO in der Ärztekammer, ein paar Karrieren reservieren für die andere Seite, für die Nestbeschmutzer, Aufmucker, Nicht-Pioniere – was wäre das für eine Devise! Machen wir's bescheidener: Zunächst einmal gilt es, sicherzustellen, daß die Vertreter (und ja, Vertreterinnen) kritischer Positionen nicht die sanften und weniger sanften Repressionen zu spüren bekommen, nicht abgedrängt werden, nicht im Abseits der Institutionen kaltgestellt werden.

»Das, was bisher sich nur mühsam gegen die Dominanz von Professionen oder betrieblichem Management einen Weg freikämpfen kann, muß *institutionell abgesichert* werden: Gegenexpertise, alternative Berufspraxis, innerberufliche und -betriebliche Auseinandersetzungen um Risiken eigener Entwicklungen, verdrängter Skeptizismus. In diesem Fall hat POPPER wirklich recht: Kritik bedeutet Fortschritt. Nur dort, wo Medizin gegen Medizin, Atomphysik gegen Atomphysik, Humangenetik gegen Humangenetik steht, kann nach außen hin übersehbar und beurteilbar werden, welche Zukunft hier in der Retorte ist. Die Ermöglichung von Selbstkritik in allen Formen ist nicht etwa eine Gefährdung, sondern der wahrscheinlich *einzige* Weg, auf dem der Irrtum, der uns sonst früher oder noch früher die Welt um die Ohren fliegen läßt, vorweg entdeckt werden könnte... Dann wäre es auch möglich, daß Techniker über ihre Erfahrungen in Betrieben berichten und die Risiken, die sie sehen und produzieren, wenigstens nicht mehr am Werktor vergessen müssen... Diese Institutionalisierung von Selbstkritik ist deswegen so wichtig, weil in vielen Bereichen ohne entsprechendes Know-how weder die Risiken noch alternative Wege ihrer Vermeidung erkannt werden können.«[52]

Vielleicht gibt es über Gegenstrategien dieser und anderer Art ja doch eine Chance, die Sachzwänge zu brechen. Dazu müssen wir freilich erkennen, daß sie keine Zwänge sind im Sinne von unaufhaltbarem Schicksal – und darüber hinaus auch nicht sachlich, sondern aus menschlichem Handeln entstanden. Die Devise heißt demnach: »Es herrschen keine Sachzwänge mehr, es sei denn, wir lassen und machen sie herrschen.« Das bedeutet nicht, alles sei beliebig gestaltbar. »Aber es bedeutet sehr wohl, daß die Tarnkappen der Sachzwänge abgelegt und deshalb Interessen, Standpunkte, Möglichkeiten abgewogen werden müssen.«[53]

VI.
Schöne neue Gesundheit –
Humangenetik im Dilemma

1. Der Gesundheitstrend

Jogging und Bio-Müsli, Vorsorge-Untersuchung und Seniorengymnastik, Bodybuilding und Partner-Massage, Yoga für Schwangere, Heilfasten, Diät aller Arten... Die Angebote sind zahllos, die Moden rasch wechselnd, das Versprechen ist immer wieder das gleiche: Gesundheit für jeden, für dich und für mich, Gesundheit pausenlos und pauschal. Und nicht nur Gesundheit, sondern damit verknüpft auch Fitneß und Jugend, Wohlbefinden und Leistung, Schönheit und Kraft, ein langes Leben mit Optimal-Garantie.

Früher gab es die Religion, die Erlösung von Leiden versprach, später den Glauben an Volk und Vaterland, Rasse und Reich, der »Ertüchtigung des Volkskörpers« verlangte. Auch das ist untergegangen. Was bleibt, ist der einzelne im Hier und Jetzt, sein individuelles Befinden. Darauf werden nun die Hoffnungen, die Anstrengungen gerichtet. Wo der Glaube an ein Jenseits sich auflöst, gewinnt Gesundheit neue Bedeutung, erhöht ihren Wert, wird zur irdischen Heilserwartung gewendet. »Was vom Jenseits nicht mehr erwartet werden kann, wird nun... aufs Diesseits projiziert: Freiheit von Sorgen und Beeinträchtigungen, von Krankheit und Leid – letztlich also Glückseligkeit und Unsterblichkeit.«[1] Pointiert formuliert: Das Heil ist entthront worden, an seine Stelle ist die Heilung getreten.[2]

Nun ist es in den letzten Jahren gelungen, dieser irdischen Heilserwartung neue Dimensionen zu öffnen. Durch Fortschritte in Medizin, Biologie, Genetik gelang es, die genetische Kennkarte des Menschen Stück um Stück zu entschlüsseln. Je mehr diese Techniken voranschreiten, desto präziser werden die genetischen Anteile von Gesundheit und Krankheit benennbar. Die biologische Ausstattung des Menschen kann durchleuchtet werden bis in ihre elementaren Bestandteile. Dabei werden nicht zuletzt auch die Fehler dieser Ausstattung sichtbar, das, was nun »Anomalie« oder »genetischer Defekt« heißt, also die erbbedingten Krankheiten oder möglichen Krankheitsanlagen. Die Liste solcher Defekte ist lang – vom Down-Syndrom bis zum Herzinfarkt, von Diabetes bis zur Schizophrenie –, und die Ziele sind ehrgeizig gesteckt: Was heute noch nicht entschlüsselt ist, soll es morgen dann werden.

Unbestritten ist, daß damit auf vielen Ebenen neue Handlungschancen eröffnet werden. So kann z. B. die gendiagnostische Information genutzt werden, um sich gegen genetisch bedingte Krankheitsanfälligkeiten zu schützen; um für Kinder mit entsprechenden Krankheitsdispositionen gezielt Förderungsmöglichkeiten anzubieten; oder um durch spezielle Beratung die Eltern vorzubereiten auf die besonderen Anforderungen, die sich angesichts eines behinderten oder kranken Kindes stellen.

Das sind die Möglichkeiten. Ob sie tatsächlich genutzt werden, ist freilich eine andere Frage. Darüber hinaus hat die Erfahrung der letzten Jahre uns auch Skepsis gelehrt: Wo Chancen sich bieten, müssen meist auch Risiken kommen. Also müssen wir auf die Kehrseiten achten – und dies möglichst vorausschauend schon, nicht erst dann, wenn es zu spät ist. Die neuen Verheißungen treiben uns also in neue Fragen hinein: Was geschieht da, wo die gendiagnostischen Verfahren uns immer mehr »Defekte« und »Anomalien« aufzeigen? Können sie uns zu mehr Gesundheit verhelfen? Und welche möglichen Nebenwirkungen hat dies Gesundheitsprogramm?

2. Die Situation der Risikogruppen

Betrachten wir zunächst die Situation der sogenannten »Risikogruppen«, d. h. derjenigen Männer und Frauen, die ein erhöhtes Risiko für eine genetische Erkrankung haben. Hierzu zählen z. B. Menschen, in deren Herkunftsfamilie es einen nahen Verwandten mit einer solchen Erkrankung gibt; oder die bereits ein schwer behindertes Kind haben; oder die aufgrund bestimmter Lebensumstände (z. B. höheres Lebensalter) ein genetisches Risiko tragen. Solche Menschen sind – so sie selbst um dieses Risiko wissen – vor schwierige Fragen gestellt, wo es um Partnerschaft und Elternschaft geht.

Welche Hilfe kann die Gendiagnostik hier bieten? Sie kann, wie man es nennen mag, eine »objektivierte« Entscheidungshilfe anbieten, d. h. darüber aufklären, wie hoch das Risiko für das Auftreten einer bestimmten Behinderung ist. (Zum Beispiel: Die Diagnose »Chorea Huntington«, auch Veitstanz genannt, bedeutet 50 Prozent Erkrankungsrisiko für jedes Kind und 25 Prozent für jeden Enkel.) Oder die Ärzte können bei bereits bestehender Schwangerschaft durch genetische Tests ermitteln, ob der Embryo eine bestimmte genetische Anomalie aufweist (wie etwa Down-Syndrom, in der Alltagssprache als Mongolismus bekannt).

Das heißt, die Ärzte können in vielen (keineswegs in allen) Fällen eine Diagnose erstellen. Im Bereich der Therapie jedoch können sie sehr viel weniger anbieten. (Es gibt kein Medikament und keine Operation, die Down-Sydrom, Chorea Huntington oder Muskeldystrophie »heilt«.) Das Dilemma der Gendiagnostik ist hier: Die Diagnosemöglichkeiten sind den Therapiemöglichkeiten bei weitem vorausgeeilt.

Für die Klienten der genetischen Beratung bedeutet dies: Den einen bringt der Befund zweifellos Erleichterung – wenn sie erfahren, daß das Risiko einer genetischen Erkrankung des Kindes sehr gering ist; oder wenn das Ergebnis der pränatalen Diagnose während der Schwangerschaft zeigt, daß der Embryo eine bestimmte Anomalie (wie etwa Down-Syndrom) nicht aufweist. Doch es gibt eben auch die andere Situation, wo der Befund ungünstig ausfällt. Hier kommt für die Klienten nicht Erleichterung, sondern umgekehrt eine schwere Belastung, die Last der Verantwortung, der Entscheidungs- und Gewissenskonflikte. Hier fühlen sich viele der Klienten allein gelassen mit ihrer Angst, mit ihrer Verzweiflung. Wenn sie es nicht wagen, für sich und ihre Kinder das Risiko einer schweren Erkrankung auf sich zu nehmen, dann bleiben in vielen

Fällen nur zwei Alternativen: entweder auf biologische Elternschaft ganz zu verzichten oder eine »Schwangerschaft auf Probe«[3] zu wagen und dem Risiko durch Prävention zu begegnen. Was unter erfolgreicher Prävention dann zu verstehen ist, sei hier an einem Beispiel verdeutlicht:

In einem Artikel mit dem Titel »Die Prävention des Down-Syndroms (Mongolismus)« schreibt der Humangenetiker WERNER SCHMID: »Im Jahre 1986 waren wir involviert bei 71 Fällen von Down-Syndrom. In 52 Fällen haben wir die Karyotypenuntersuchung bei... lebendgeborenen Patienten durchgeführt; hier waren keine pränatalen Tests vorgenommen worden. Im gleichen Zeitraum wurden 19 Fälle vorgeburtlich diagnostiziert; die Schwangerschaft wurde abgebrochen... Insgesamt hatten wir also... Kenntnis von 71 Fällen. In 25 davon... war die Mutter über 35 Jahre alt. Von diesen 25 Fällen konnten 13 pränatal verhindert werden... Diese Prävention ist bei den Schwangeren über 35 Jahre recht erfolgreich.«[4]

Die Genomanalyse kann den Betroffenen also nicht zu einem gesunden Kind verhelfen. Und wenn es heißt, sie könne den Betroffenen helfen, die Geburt kranker Kinder zu »vermeiden«, so ist dies eine beschönigende und irreführende Formel. Das zugrundeliegende Problem liegt im Ziel der Untersuchung: »Pränataldiagnostik geschieht üblicherweise mit der Absicht, das kranke Kind zu identifizieren, um es ›rechtzeitig‹ – gemessen am im § 218a StGB ausgewiesenen Zeitraum – abtreiben zu können.«[5] So eine Kollegin von WERNER SCHMID, die Humangenetikerin TRAUTE SCHROEDER-KURTH, die das Dilemma in deutlichen Worten formuliert: »Die Krankheit wird verhindert, indem man die Existenz des Kranken auslöscht.«[6]

Die Ausweitung der Risikogruppen

Nun mag man sagen, die Risikogruppen sind eine kleine, eng begrenzte Gruppe, die hier auftauchenden Probleme also seltener Art. Dies eben ist aber – ein Irrtum. Denn der Umfang der Risikogruppen ist nicht eine objektiv vorgegebene, statische Größe, sondern wesentlich abhängig vom Forschungsstand der Gendiagnostik. Anders gesagt: Je mehr die Entzifferung der genetischen Landkarte des Menschen voranschreitet, je mehr Anomalien identifizierbar werden – desto mehr Menschen erfahren dann auch, daß sie in dieser oder jener Hinsicht Träger eines potentiellen »Defekts« sind. So gab es z. B. auch in der Generation unserer Mütter und Großmütter viele Frauen, die mit 35 oder 40 Jahren noch ein Kind erwarteten. Doch nie wäre ihnen der Gedanke gekommen, ob dies Kind, das in ihnen heranwuchs, möglicherweise Down-Syndrom haben könnte. Heute dagegen wissen praktisch alle Frauen dieser Altersgruppe um dieses Risiko – dank Massenmedien, dank ärztlicher Aufklärungspflicht – und sind so vor neue Fragen und Entscheidungskonflikte gestellt.

Darüber hinaus macht die Forschung auch nicht halt bei denjenigen Anomalien, die schwerwiegende Beeinträchtigungen in körperlicher oder geistiger Hinsicht darstellen. Zur inneren Logik der gendiagnostischen Verfahren gehört es vielmehr, daß auch andere Fehler im genetischen Bauplan erkennbar werden – solche, die nicht die elementaren Lebensfunktionen betreffen, doch beim normalen Funktionieren im Alltag manchmal unbequem und unpraktisch sind (z. B. starke Kurzsichtigkeit oder leichtere Stoffwechselstörungen). Auch diese, die »nur unbequemen« Anomalien rücken nun zwangsläufig ins Blickfeld – und werden wiederum Anlaß zu Fragen und Entscheidungskonflikten. Darüber hinaus bezieht sich Prädiktive Medizin nicht nur auf die vorgeburtliche Vorhersage. Eine Reihe von Erbkrankheiten kommt erst in höherem Alter zum Ausbruch. Menschen, die wissen, daß in ihrer Familie solche Krankheiten auftraten, werden nun mit der Möglichkeit konfrontiert, durch entsprechende Tests untersuchen zu lassen, ob die Krankheit in zukünftigen Jahren auch sie treffen wird. »Bezieht man auch die Erkrankungen mit ein, in denen Erb- und Umweltfaktoren gemeinsam eine Rolle spielen, dann wird die Prädiktive Genetik zu einem Problem für nahezu alle Menschen.«[7] So JÖRG SCHMIDTKE, wiederum selbst Humangenetiker. Was sich hier abzeichnet, ist eine schleichende Ausweitung, ja Inflation der Defekte, resultierend aus der Dynamik der gendiagnostischen Verfahren, der erkennbaren Anomalien, der damit verknüpften Maßstäbe und Standards. Herz-Kreislauf-Erkrankungen, Krebs, Allergien, endogene Depression, Diabetes – überall sind genetische Dispositionen mit im Spiel. Pointiert zusammengefaßt: *Wir alle sind betroffen. Wir alle sind Risikoträger.*

3. Das Leben als Patientenkarriere

Mit der immer weiter reichenden Entzifferung der genetischen Kennkarte des Menschen werden immer mehr seiner Krankheitsanlagen frühzeitig erkennbar. Dies kann im glücklichsten Fall dazu führen, daß durch einen entsprechenden medizinischen Eingriff der Ausbruch der Krankheit verhindert oder der Krankheitsverlauf wesentlich abgemildert wird. Aber wie häufig sind diese »glücklichen Fälle«? Vielleicht – so die Verheißung – werden sie in Zukunft zahlreicher werden. Zur Zeit ist nur eines gewiß: Neue Problemlagen, neue Konflikte werden geschaffen.

Neue Problemlagen

Bei zahlreichen Krankheitsbildern ist, wie gesagt, bisher nur eine Diagnose möglich, während die entsprechende Therapie fehlt. Damit stellen sich schwerwiegende Fragen, die im Leben der Betroffenen enorme Dramatik entfalten. Zum Beispiel: Wie leben Menschen mit dem Wissen, daß sie in einigen Jahren oder Jahrzehnten von einer schweren Krankheit getroffen werden, ohne jede Chance, diesem Schicksal entrinnen zu können? Wie leben Eltern mit dem Wissen, daß ihr gerade geborenes Kind unausweichlich von einer solchen Krankheit gezeichnet sein wird? Wie leben sie mit dem Konflikt, dem heranwachsenden Kind entweder seine genetische Veranlagung mitteilen zu müssen – oder über Jahre hinweg bewußt verschweigen zu müssen?

Hinzu kommt, daß in nicht wenigen Fällen, wo die genetische Disposition zu einer Krankheit bereits sehr früh, ja schon vor der Geburt erkennbar wird, der tatsächliche Ausbruch der Krankheit erst im mittleren oder höheren Lebensalter erfolgt. Bis dahin können diese Menschen ein völlig normales Leben führen. Oder genauer: sie *könnten* dies – sofern sie nichts über ihre genetische Veranlagung erfahren. Wo dies aber geschieht, wird die Chance zu einem normalen Leben empfindlich gestört oder gar zerstört. Berufswahl, Partnerschaft, Elternschaft – alle Lebensentscheidungen stehen dann unter der Hypothek des erwarteten Schicksalsschlages, der mit unerbittlicher Mechanik den einzelnen trifft.

In anderen Fällen wiederum kann die genetische Diagnose nur ergeben, daß eine bestimmte Krankheit mit einer gewissen Wahrscheinlichkeit auftreten wird – nicht aber, ob sie *tatsächlich* ausbrechen wird. Die Frage ist hier: Wie leben Menschen mit solchen Wahrscheinlichkeitsaussagen, die sie, im durchaus wörtlichen Sinn, existentiell treffen? Wie können sie umgehen mit der Angst und Verunsicherung, die sich daraus ergibt? (Manche werden z. B. ihren Gesundheitszustand ständig prüfen, um nach irgendwelchen Auffälligkeiten, nach möglichen Symptomen zu suchen, die den Ausbruch der Krankheit ankündigen.) Auch hier also wird die Normalität der Lebensgestaltung wesentlich beeinträchtigt werden – und dies auch bei denen, die de facto nie erkranken werden. Für diese Personengruppe ist es eindeutig nicht die Krankheit, sondern die gendiagnostisch bereitgestellte *Information* über eine mögliche Krankheit, die die Normalität der Lebensgestaltung nachhaltig außer Kraft setzt.

Dann gibt es diejenigen, die aufgrund ihrer Familiengeschichte wissen, daß sie möglicherweise eine Erbkrankheit haben. Damit zu leben ist sicher nicht leicht, es prägt den gesamten Lebensentwurf. Wenn nun mit einem Mal ein neuer Test auf den Markt kommt, der einen eindeutigen Befund bringen kann, dann – ja, was dann? Wie immer der Befund ausfällt, er rührt an den Kern des Lebensentwurfs. Ein Betroffener stellt fest: Es »wird das Ergebnis einer Gentest-Teilnahme radikale Auswirkungen auf die psychische und psychosoziale Konstitution der ratsuchenden Person haben. Und diese Konsequenzen werden mit der Mitteilung des Ergebnisses unrevidierbarer Bestandteil des jeweiligen Lebenskodexes der betroffenen Risikopersonen. Solch gravierende genetische Informationen lassen sich weder ignorieren noch wirksam verdrängen... In Wirklichkeit ändert sich also nicht ein abstraktes statistisches Datum, sondern die eigene Person erfährt eine Veränderung, betrachtet sich selbst anders und wird von anderen einer veränderten Betrachtung unterzogen... Bei Risikopersonen... wird die komplizierte psychische Balance, mit welcher der Seiltanz zwischen Hoffnung und Angst zu bewältigen versucht wird, erschüttert, weil ein Testergebnis nun wieder die bisherigen Grundlagen des eigenen Lebensentwurfs – nämlich sich selbst als Träger zweier potentieller Schicksale zu begreifen – umwirft und eindeutige Zuweisung (positiv/negativ – gesund/krank) ermöglicht bzw. erzwingt.«[8]

Nun ist bei einigen Krankheiten die Wahrscheinlichkeit ihres Auftretens oder die Schwere ihrer Erscheinung durch entsprechende Lebensführung beeinflußbar (Diät, Verzicht auf Rauchen, Verzicht auf Alkohol, Vermeidung von Stress usw.). Das heißt, daß der Mensch, der seine genetischen Risikofaktoren, seine speziellen Anfälligkeiten erfährt – die Disposition zu Diabetes oder Herzinfarkt etwa –, sich darauf einrichten und das Schicksal so vielleicht abwenden kann. Das ist ein Ziel, das sicherlich einleuchtend und allgemein akzeptiert ist. Weniger einleuchtend mag die Situation freilich werden, wenn man das Verhältnis zwischen Mittel und Zweck genauer unter die Lupe nimmt. So werden die meisten Menschen wohl gern akzeptieren, wenn sie durch eine kleine Veränderung ihrer Lebensweise (z. B. durch eine leicht einzuhaltende Diät) den Ausbruch einer schweren Krankheit aufhalten können. Was aber dann, wenn eine sehr weitgehende Einschränkung der Lebensgestaltung erforderlich wird – und dies, um einer Krankheit vorzubeugen, die erst in mehreren Jahrzehnten auftreten wird und auch dann vielleicht nur mit einer gewissen Wahrscheinlichkeit? Was ist in diesem Fall höher, der Gewinn oder der Verlust? Wie kann man Lebensqualität und Lebensquantität da miteinander verrechnen?

Die Dialektik der Aufklärung wird hier real: Aus dem Modell der Selbstverantwortlichkeit des Individuums kann der Selbstzwang entstehen, die Lebensführung unter das Diktat genetischer Informationen zu stellen. Die Autonomie, die das genetische Wissen verspricht (»Das Schicksal selbst in die Hand nehmen! Die Krankheit verhindern!«), schlägt unterderhand um in eine Expertenabhängigkeit, die für immer mehr Details Handlungsimperative auswirft. Das Wissen um die genetische Veranlagung betrifft fundamental das Selbstbild, greift tief ein in die Lebenszusammenhänge, Lebensplanungen, Alltagsabläufe der Menschen, unterwirft sie medizinischen Betreuungsvorgaben, Präventionskonzepten, Kontrollen.

Diagnose ohne Therapie: Chorea Huntington als Beispiel

Bisher sind nur, reichlich abstrakt, verschiedene Typen von Problemlagen skizziert worden, die mit der Anwendung der Gentechnologie aufkommen. Kaum angedeutet wurde der Strudel aus Angst, Hilflosigkeit, Verzweiflung, aus unlösbaren Entscheidungskonflikten, in den die Betroffenen geraten können. Um diese Konfliktdynamik etwas auschaulicher zu machen, will ich eine fiktive Fallgeschichte schildern.[9]

Als Beispiel sei Chorea Huntington gewählt, eine degenerative Hirnerkrankung, die meist im vierten oder fünften Lebensjahrzehnt auftritt und – bislang nicht therapierbar – unweigerlich zu einem vorzeitigen Tod führt. Aus Familienstudien war schon länger bekannt, daß es sich um eine Erbkrankheit handelt, bei der die Wahrscheinlichkeit, als Kind eines Huntington-Trägers selber zu erkranken, 50 Prozent beträgt.

Seit einigen Jahren gibt es nun eine diagnostische Möglichkeit, mit hoher Sicherheit festzustellen, ob jemand an dieser tückischen Krankheit erkranken wird oder nicht, wenn unter seinen Verwandten Huntington-Träger sind. Da das »Huntington-Gen« inzwischen eingekreist ist, dürfte es nur noch eine Frage der Zeit sein, bis es eindeutig identifiziert werden kann. Das wiederum ermöglicht nicht nur einen sicheren Test auf die Huntington-Trägerschaft, sondern eröffnet auch die Möglichkeit, die Funktion dieses Gens genau zu untersuchen und aus diesem Wissen über seine biochemischen Wirkungen eine Therapie zu entwickeln.

Solange es aber eine solche Therapie noch nicht gibt und solange auch das Testverfahren nocht nicht ausgereift ist, werden Verwandte von Huntington-Kranken in schwerste Konflikte gestürzt. Bisher wissen sie nur, daß sie mit einer Wahrscheinlichkeit von 50 Prozent (wenn ein Elternteil bereits erkrankt ist) bzw. 25 Prozent (wenn nur einer ihrer Großeltern erkrankt ist) Träger des Huntington-Gens sind. Die meisten Menschen in dieser Situation schaffen sich ein labiles Gleichgewicht zwischen Furcht und Hoffnung, in dem die Hoffnung letztendlich überwiegt. Das betrifft nicht nur ihren eigenen Lebensentwurf, sondern auch die Frage, ob sie Kinder in die Welt setzen sollen – die ja, falls sie selber belastet sein sollten, wiederum mit 50prozentiger Wahrscheinlichkeit das Huntington-Gen erben würden. Die Genomanalyse bringt dieses labile Gleichgewicht ins Wanken. Betrachten wir die neu entstehenden Konflikte an einer fiktiven Person, Birgit Binder:

Frau Binder ist 35 Jahre alt, seit 10 Jahren verheiratet. Sie und ihr Mann haben sich gegen Kinder entschieden, weil ihr Vater kurz vor ihrer Hochzeit die Krankheit entwickelte; kürzlich starb er nach mehrjährigem Aufenthalt in der Psychiatrie. Doch trotz Verhütung wurde Frau Binder schwanger und ist jetzt im zweiten Monat. Aus Angst vor einer »endgültigen« Diagnose hat sie bisher den »Huntington-Test« noch nicht gemacht. Noch ist Zeit, das Kind abtreiben zu lassen. Was soll sie tun?

Soll sie durch eine Fruchtwasseruntersuchung (das Risiko einer dadurch verursachten Fehlgeburt beträgt etwa 1 Prozent) herausfinden lassen, ob ihr Kind Huntington-Träger ist? Eine positive Diagnose würde ihr die Entscheidung zur Abtreibung erleichtern. Gleichzeitig wüßte sie dann aber auch, daß sie selbst in den nächsten Jahren an Chorea Huntington sterben würde, wenn nicht, was sehr unwahrscheinlich ist, sehr bald eine wirksame Therapie entwickelt würde. Bei einer negativen Diagnose könnte sie das Kind ziemlich unbesorgt austragen (die Wahrscheinlichkeit, daß es Huntington-Träger ist, läge dann bei 5 Prozent, wegen des bislang unvollkommenen Testverfahrens). Ihr Risiko, selbst Huntington-Trägerin zu sein, würde nach wie vor 50 Prozent betragen. Dennoch würde die Nachricht, daß ihr Kind nicht belastet ist, sie wahrscheinlich ermutigen, ihre eigene genetische Veranlagung auch gleich untersuchen zu lassen. Eine negative Diagnose würde sie von ihrer langjährigen Angst befreien. Eine positive Diagnose würde – neben der niederschmetternden Nachricht für sie selbst – sie erneut in den Konflikt stürzen, ob sie das Kind dann nicht doch abtreiben soll, denn die Wahrscheinlichkeit ist groß, daß sie noch während seiner Jugend erkrankt.

Wahrscheinlich denkt Birgit Binder jetzt auch an ihren Vater, zu dem sie ein herzliches Verhältnis hatte. Sie hat ihn als fröhlichen, lebenslustigen Menschen erlebt, der bis zum Alter von 45 Jahren ein völlig normales Leben führte. War dieses Leben nicht lebenswert? Was berechtigt sie eigentlich, ihr Kind abtreiben zu lassen, selbst wenn sich herausstellt, daß es die Huntington-Krankheit geerbt hat, und selbst wenn es auch in Zukunft keine Therapie geben wird? Und überhaupt, denkt sie plötzlich, wo verläuft hier die Grenze? Viele sterben im Alter von 45 bis 55 Jahren an Herzinfarkt. Vermutlich wird es in wenigen Jahren Tests geben, die genetische Risikofaktoren für frühen Herzinfarkt aufdecken. Sollte man Embryos abtreiben, deren Chance, bis zum Alter von 45 oder 50 oder 55 Jahren an Herzinfarkt zu sterben, 50 oder 70 oder 90 Prozent beträgt?

Natürlich denkt Birgit Binder nun auch an die Entwicklung in Medizin und Genetik. Vielleicht liest sie jetzt die großformatige Annonce der deutschen Industrie, die die »großen Chancen der Gentechnik« verkündet und verheißt: »Die Behandlung unheilbarer Krankheiten rückt in greifbare Nähe.«[10] Soll sie darauf ihre Hoffnung jetzt bauen? Nachdem die Wissenschaftler die ursächliche Erbsubstanz sozusagen in Händen halten, werden sie in absehbarer Zeit neue Einblicke in das Krankheitsgeschehen gewinnen. Dies könnte sich auch in neuen therapeutischen Konzepten niederschlagen. Mit welchem Konflikt müßte sie leben, wenn sie heute ein Kind abtreiben läßt, dessen Krankheit in ein paar Jahren vielleicht geheilt werden kann?

Ein russisches Roulette in gentechnischer Version. Ein Wahrscheinlichkeitsspiel um Leben, Gesundheit und Tod, nein noch um mehr: um die *Entscheidungen*, die uns jetzt abverlangt werden. Ein Spiel mit vielen Unbekannten, das gleichzeitig nach den Regeln der zweiwertigen Logik gespielt werden soll, denn zugelassen sind am Ende nur eindeutige Entscheidungen: Test ja oder nein, Abtreibung ja oder nein.

Ist Wissen besser als Nichtwissen?

»Durch Vermittlung von genetischen Fakten wird eine entscheidende Veränderung erfahren: Das Stadium des Nichtwissens ist endgültig vorbei, und Wissen fordert ein verantwortliches Handeln heraus.«[11] So steht es in einem Artikel über genetische Beratung zu lesen. Hier wird eine wichtige Voraussetzung sichtbar: Die Gendiagnostik setzt den Menschen voraus, der rational abzuwägen versteht, der umgehen kann mit hochkomplizierten medizinischen Aussagen und den ethischen Problemen, in die sie hineinführen. Unsicher ist aber, ob die Fragen, die sich hier auftun, überhaupt einer rationalen Bearbeitung zugänglich sind und wie die Normalbürger – die medizinischen Laien, die im öffentlichen Expertenstreit um Gentechnologie sich jetzt schon überfordert und hilflos fühlen – also mit der auf sie einströmenden Informationsflut umgehen sollen. »Genetische Beratung geht davon aus, daß der Ratsuchende eine bessere Orientierung, eine geeignete Einstellung und Verhaltensweise in seiner spezifischen Situation finden kann.«[12] Wie oft wird diese bessere Orientierung tatsächlich erreicht? Wie oft werden statt dessen neue Konfliktlagen erzeugt, die den Lebensentwurf der Betroffenen aus dem Gleichgewicht bringen? Anders gefragt: Ist die Voraussetzung richtig, die zum Handlungsparadigma der Gendiagnostik gehört – ist Wissen immer besser als Nichtwissen?

Nicht mehr alle Humangenetiker sind bereit, hier ein selbstverständliches Ja zur Antwort zu geben. Vorsicht und Skepsis klingen an, wenn z. B. WERNER FUHRMANN schreibt: »Wir haben vor 20 und 30 Jahren die genetische Beratung unter der vielleicht etwas naiven Annahme entwickelt, daß mehr Wissen und besseres Wissen immer gut sei und daß wir nur möglichst genaue Diagnosen machen, möglichst genaue Prognosen errechnen und unseren Ratsuchenden verständlich machen müßten, um ihnen zu einer für sie richtigen Entscheidung zu verhelfen. Wir wissen heute viel besser, daß dies keineswegs immer der Fall ist.«[13]

Noch schärfer wird das Dilemma formuliert bei JÖRG SCHMIDTKE, in einem Artikel mit dem bezeichnenden Titel »Die Einsamkeit angesichts der Wahrheit«.[14] SCHMIDTKE beginnt mit dem Hinweis auf die Lasten, die im Wissen angelegt sind: Die Freiheit des Nichtwissens – »das Gefühl für die Bedeutung dieser Freiheit kommt dem Wissenschaftler leicht abhanden. Schließlich ist es sein Job, Wissen zu schaffen. Für den Wissens-Konsumenten hingegen kann sich dieses, vor allem dann, wenn es ihn persönlich betrifft, schnell als Last erweisen. Denn anders als mit Gegenständen, die man verschenken oder wegschmeißen kann, hat man mit einmal erworbenem, unangenehmem Wissen seine Not – man kann es bestenfalls verdrängen.« SCHMIDTKE nennt die vielen Fragen, die mit der Sicherheit der Voraussage kommen: »Ist es immer sinnvoll, persönliche Risiken zu kennen? Lassen sich derartige Kenntnisse in eine bewußtere Lebensführung umsetzen? Ist man wissend glücklicher als vermutend oder hoffend? Wir müssen davon ausgehen, daß wir in den nächsten Jahren immer mehr über unsere individuelle Zukunft erfahren können. Wie aber läßt sich mit den in solchem Wissen enthaltenen Chancen und Ängsten leben?« Schließlich zitiert er FRIEDRICH SCHILLER, aus dessen Gedicht »Kassandra«. Da heißt es:

> Frommt's den Schleier aufzuheben,
> Wo das nahe Schicksal droht?
> Nur der Irrtum ist das Leben,
> und das Wissen ist der Tod.

4. Freiwilligkeit oder Zwang

Nun wird immer wieder darauf verwiesen, daß die Anwendung gendiagnostischer Methoden strikt auf dem Prinzip der Freiwilligkeit beruhen soll: Niemand soll dazu gezwungen werden, sich solchen Tests zu unterziehen. Die Frage ist nur: Wie sieht diese Freiwilligkeit in der Praxis aus? Läßt sie sich auf Dauer erhalten, oder wird sie von den verschiedensten Seiten zunehmend unter Druck geraten?

Das Beispiel der pränatalen Gendiagnose mag wiederum zeigen, wie die Entwicklung verlaufen kann. Auch hier ist es so, daß sich niemand dieser Information aussetzen muß, mit anderen Worten: Keine Frau wird zur pränatalen Diagnose gezwungen. Doch sind die Ärzte verpflichtet, Risikopatientinnen auf die Möglichkeit der pränatalen Diagnose hinzuweisen; und als Risikopatientinnen gelten z. B. alle Frauen, die älter als 34 Jahre sind. In einer solchen Aufklärung ist aber immer schon ein gewisser »Aufforderungscharakter« enthalten.[15] Der Verlust des Nichtwissens ist nicht neutral, sondern ein soziales Faktum eigener Art. Denn wissenschaftlich-technische Optionen verändern schon als solche das Handlungsfeld irreversibel. Faktisch befindet sich die Frau, sofern sie nicht auf ärztliche Hilfe ganz verzichtet, in einem Zustand ständig aufgedrängter Informiertheit. Diese »Zwangsinformation« ist die Kehrseite der Ansprüche persönlicher Entscheidungsfreiheit. Diese Freiheit mag im Einzelfall auch die Freiheit umfassen können, von Handlungsmöglichkeiten und Handlungsfolgen nicht Kenntnis zu nehmen. Aber auch der nachdrückliche Verzicht etwa auf eine pränatale Diagnose konfrontiert die Schwangere mit der Möglichkeit einer solchen Diagnose, den möglichen Risiken für den Fötus und den Konsequenzen des Verzichts.

Und was für die pränatale Diagnose gilt, gilt ähnlich auch für die anderen Anwendungsbereiche gendiagnostischer Methoden, z. B. im Feld der prädiktiven Medizin. Das Grundfaktum ist stets, daß die *Information per se etwas sozial Zwingendes* hat. »In gewisser Hinsicht ist es unmöglich, neue Möglichkeiten nicht zur Kenntnis zu nehmen. Man mag selbst uninteressiert sein, aber die Lebensumstände verschieben sich trotzdem. Handlungen und Verantwortlichkeiten in der Gesellschaft werden im Lichte neuer Einsichten und neuer technischer Optionen reorganisiert. Die Möglichkeiten, genetische Risiken zu erkennnen, zukünftige Krankheiten vorauszusagen oder behinderte Föten vorgeburtlich zu selegieren, sind irreversibel – und man muß mit ihnen rechnen, ob man will oder nicht.«[16] Eine entscheidende Rolle spielt auch hier wiederum die ärztliche Aufklärungspflicht. Diese hat zur Konsequenz, daß niemand, der zum Arzt geht, die Chance hat, vor den sich entwickelnden neuen Möglichkeiten die Augen zu verschließen.

Präventiver Zwang, präventive Mentalität

An diesen Beispielen wird sichtbar, wie auf vielen Ebenen ein sozialer Druck einsetzen kann, der nicht der Maßnahmen staatlicher Repression bedarf und am Ende doch einen Zwang zur Gesundheit etabliert. Und dies insbesondere deshalb, weil Gesundheit in unserer Gesellschaft ein hochrangiger Wert ist, der seine Legitimität gewissermaßen in sich selbst trägt. »Gesundheit ölt Freiwilligkeit, macht sie gefügig für die ›Notwendigkeit‹.«[17] Die Rede von der Freiwilligkeit verkennt und verkürzt also das Verhältnis zwischen gesellschaftlichen Werten und neuen Technologien zu einem rein privaten Verhältnis, nimmt nicht zur Kenntnis, welche neuen Formen sozialen Drucks hier entstehen. »Zwänge werden sich heute eher auf indirekte und subtilere Weise etablieren. Sie drohen in Bereichen, in denen der Ausgleich zwischen den Freiheitsinteressen der Betroffenen und dem öffentlichen Interesse an Risikokontrolle noch nicht durch klare Wertungen vorentschieden ist und wo sie im Schutze allgemeiner präventiver Mentalität und unter dem Druck ihrer offenbaren Rationalität in die Gesellschaft gleichsam hineinkriechen können.«[18]

Diese präventive Mentalität wird heute schon in dem neuen Umgang mit Schwangerschaft sichtbar, der sich etabliert, je mehr die medizinisch-technische Entwicklung Eingriffsmöglichkeiten anbietet. Heute kann man den Fötus untersuchen, seinen Zustand detailliert kontrollieren, im Frühstadium Schädigungen und Gefährdungen feststellen, ja Operationen im Mutterleib vornehmen. Diese Entwicklung führt in schwierige, wenn nicht unlösbare ethische Fragen und Abwägungsprobleme hinein. Je mehr das werdende Leben sichtbar und behandelbar wird, desto mehr wird die Selbstbestimmung der Frau massiven Beschränkungen unterworfen. »Mit der Ausweitung der pränatalen Diagnose und der darin angelegten Konsequenz, der Pflicht zur Behandlung des Fötus, wird schrittweise das Recht der Frau aufgehoben, sich Routine-Behandlungen zu verweigern, die die hochtechnisch ausgerüsteten Ärzte anbieten.«[19] Eröffnet wird ein »Feld für präventive Zwänge, die im Ergebnis die Selbstbestimmung der Frau über ihre Lebensführung und ihren Körper beseitigen«.[20]

Vorsorge als Gebot der individualisierten Gesellschaft

Diese präventive Mentalität gewinnt insbesondere deshalb an Durchsetzungschancen, weil sie sich paßgerecht einfügt in die biographischen Modelle, die die moderne Gesellschaft fordert und fördert. Zu ihren wesentlichen Kennzeichen gehört eine Tendenz zur Individualisierung. Damit ist gemeint, »daß die Biographie des Menschen aus vorgegebenen Fixierungen herausgelöst, offen, entscheidungsabhängig und als Aufgabe in das Handeln jedes einzelnen gelegt wird. Die Anteile der prinzipiell entscheidungsverschlossenen Lebensmöglichkeiten nehmen ab, und die Anteile der entscheidungsoffenen, selbst herzustellenden Biographie nehmen zu.« In der individualisierten Gesellschaft muß der einzelne lernen, »sich selbst als Handlungszentrum, als Planungsbüro in bezug auf seinen eigenen Lebenslauf, seine Fähigkeiten, Orientierungen, Partnerschaften usw. zu begreifen«.[21]

Idealtypisch wird das Ich hier zum Mittelpunkt eines komplizierten Koordinatensystems, das viele Dimensionen umfaßt – von

Ausbildung und Stellenmarkt bis zu Krankenversicherung und Altersvorsorge –, das ständig aktualisiert und revidiert werden muß. Dabei wurden bisher vor allem die Anforderungen des Arbeitsmarktes zu einer zentralen Achse der persönlichen Lebensplanung. Die Angebote der genetischen Diagnostik setzen an dieser Tendenz zur Rationalisierung der Lebensführung an und verlängern sie weiter: Es entsteht nun die Möglichkeit, auch die genetischen Informationen (etwa die Disposition zu Herzinfarkt oder Diabetes) als Bezugspunkte und Rahmendaten in die persönliche Lebensplanung aufzunehmen. Vorbeugende Schadensabwehr ist »Element des ›selfmanagement‹, das vom modernen individualisierten Menschen erwartet wird. Wenn methodische Lebensführung sich durchsetzt, von der Planung der Schullaufbahn ... bis zur Vorsorge für ›erfolgreiches Altern‹, dann muß die vorbeugende Sicherung der Gesundheit hohe Relevanz bekommen.«[22]

Der moderne Mensch nimmt sein Schicksal selbst in die Hand. Er plant, er sieht vor, er kontrolliert und optimiert. Er folgt nicht mehr Gott oder den Sternen: Die Gene sagen ihm jetzt, wie er sein Leben einrichten soll. Bei zwei Fortpflanzungsmedizinern, die über Gentechnologie schreiben, liest sich das so: »Die eigene Kenntnis des Genoms sollte zu verantwortlicher Lebensgestaltung veranlassen.« Und weiter: Eine Kartierung der Gene wäre dann zu befürworten, »wenn es sich durch Genomanalyse erweisen sollte, daß zahlenmäßig größere Bevölkerungskreise Träger von Erbanlagen sind, die durch Umweltbelastungen stärker gefährdet sind. Für diese wird das öffentliche Gesundheitswesen ... ein stärkeres Interesse zeigen müssen. Auch um den Preis, daß Trägern dieser Erbanlagen ihre höhere Gefährdung mitgeteilt wird.«[23]

Hier wird nicht mehr nachgedacht darüber, ob und wie die Umweltbelastungen sich herabsetzen lassen. Hier wird die Verantwortung ganz dem einzelnen zugewiesen: sein Pech, wenn seine Gene sich als schadstoffanfällig erweisen. Dann muß er/sie eben Verantwortung zeigen. *Seine* Gene, also *seine* Verantwortung: Das ist die Logik des individualisierten Gesundheitsprogramms.

Wie non-direktiv ist die non-direktive Beratung?

Um aus der Geschichte zu lernen, um eine Wiederholung von Eugenik auszuschließen, hat sich die Humangenetik dem Leitbild der non-direktiven Beratung verpflichtet. Das heißt, sie will aufklären (über Risiken, Krankheitsursachen, Therapiemöglichkeiten), nicht aber raten. Der Klient/die Klientin soll – mit Hilfe des Wissens, das die genetische Beratung anbietet – zur eigenen Entscheidung gelangen.

Soviel zur Norm. Doch bekanntlich stimmen Norm und Realität nicht immer überein. Die Frage ist also, wie die Praxis ausschaut.

Viele schwangere Frauen kommen gar nicht erst zu einer humangenetischen Beratungsstelle, sondern werden nur vom Frauenarzt bzw. der Frauenärztin über die Möglichkeit der Gendiagnostik informiert. Aber diese informieren oft nur bruchstückhaft, und mögliche emotionale Konsequenzen (etwa Auswirkungen auf die Schwangerschaft, oder die Konsequenz einer späten Abtreibung) werden oft ganz ausgespart. Für Zweifel und Ängste von Frauen ist in der GynäkologInnenpraxis vielfach weder Zeit noch Raum. »Die Beratungen gleichen vielfach eher Handlungsanweisungen als Hilfestellungen für eine Entscheidungsfindung.«[24]

In einschlägigen Interviews erzählt eine Frau: »Er hat mir eine Überweisung geschrieben, und damit hat es sich gehabt.« Und eine andere: »Beim genaueren Nachfragen hat er gesagt, in Ihrem Alter würde ich das machen – als Absicherung.« Ein anderer Gynäkologe zu einer 35jährigen Patientin: »Eine Frau – in Ihrem Alter – unbedingt. Ab 35 *muß* man das machen.«[25]

Wenn Schwangere sich gegen die Gendiagnostik entscheiden, wird ihnen vom Gynäkologen vielfach ein Formblatt zur Unterschrift vorgelegt. Sie sollen darauf bescheinigen, daß sie ausführlich über die Möglichkeiten der Untersuchung aufgeklärt wurden und sich in voller Kenntnis dessen dagegen entschieden.[26] Dies Verfahren dient dazu, den Arzt abzusichern gegen mögliche Schadenersatzforderungen von seiten der Patientinnen. Doch gleichzeitig wird diesen damit die Verantwortung zugeschoben, die leicht zur Schuld werden kann, wenn das Kind eine Behinderung haben sollte. In der Kombination von neuen Technologien und juristischen Vorgaben, die daraus wieder entstehen, wird so eine Situation geschaffen, die Ängste mobilisiert, was wiederum die Bereitschaft erhöht, die Untersuchung durchführen zu lassen. Falls Frauen dennoch zögern, reagiert das Klinikpersonal nicht selten mit Unverständnis oder deutlichen Aufforderungen (etwa der Art: »Was gibt es da noch zu überlegen, Sie sind doch Jahrgang 53«).[27] Und was, wenn die Frau sich zur Untersuchung entschließt und dann eine genetische Anomalie festgestellt wird? In einem Buch zu Schwangerschaftsberatung und Perinatologie steht zu lesen: »Eine Chorionzottenbiopsie oder Amniozentese aus genetischer Indikation sollte nur durchgeführt werden, wenn die Eltern bei pathologischem Untersuchungsergebnis bereit sind, die therapeutischen Konsequenzen (Interruptio) zu ziehen.«[28] So werden Zwickmühlen konstruiert: erst Mobilisierung von Angst, zur Beruhigung deshalb ein Test, den frau aber nur durchführen soll, wenn sie im Falle des Falles eine Abtreibung macht. Jeder Schritt für sich ist neutral, doch in der Summe ergibt sich eine klare Handlungsanweisung. Und manchmal wird diese auch explizit formuliert. Wie die Humangenetikerin CHRISTA FONATSCH etwa in einem Interview sagt: »Da gibt es natürlich Grenzfälle in der Pränatal-Diagnostik. Nicht alle genetischen Fehler... sind so schwerwiegend, daß man eine Abtreibung empfehlen müßte.«[29] Nicht alle, d. h., die andern dann doch? Wie non-direktiv ist eine solche Empfehlung, die auch noch öffentlich erfolgt, durch die Medien kreist?

In diesem Zusammenhang ist es auch nötig, einen Blick auf die Geschichte der Humangenetik zu werfen. Und mit Geschichte meine ich hier nicht die Zeit der Eugenik und Rassenhygiene, die in »Auslese und Ausmerze« endete, in Massenmord und Vernichtung. Ich meine die uns näher liegende Zeit. Als 1972 humangenetische Beratungsstellen in der Bundesrepublik eingeführt wurden, geschah dies mit folgender Begründung: »Wichtigste Aufgabe der genetischen Beratungsstellen ist es, die Geburt behinderter Kinder im Rahmen des Möglichen zu reduzieren.«[30] Humangenetiker weisen nun freilich darauf hin, hier habe sich in den letzten Jahren innerhalb der Humangenetik ein fast vollständiger Wandel der Zielvorstellungen vollzogen.[31] Dies mag sicherlich stimmen. Aber ob die Konsequenzen, die dies im öffentlichen Bewußtsein gehabt hat, sich damit aus der Welt schaffen lassen, die Kosten-Nutzen-Rechnungen mit ihren Erwartungen – das ist eine andere Frage.

Selbst dann also, wenn die genetische Beratung in den Beratungsstellen tatsächlich non-direktiv bleibt, ist doch der Handlungsrahmen, in dem die Gendiagnostik insgesamt steht, das Vorfeld und Umfeld, in dem ihre Angebote dargestellt und wahrgenommen werden – ist all dies an vielen Punkten *nicht*-nondirektiv, *nicht* neutral. Im Gegenteil, hierin sind viele Vorgaben enthalten, die bestimmte Entscheidungen nahelegen und andere an den Rand drängen.

Bleibt zuletzt nur noch die Frage: Wie non-direktiv ist die genetische Beratung selbst – also nicht das, was Frauenärzte oder Klinikpersonal sagen, was vielleicht auch Humangenetiker in einem Zeitungsinterview äußern, sondern das, was im speziellen Beratungsgespräch geschieht, in den speziell dafür eingerichteten Beratungsinstitutionen? Die Erfahrung zeigt, daß es oft deshalb schon schwierig ist, ganz Neutralität zu bewahren, weil die KlientInnen einen Rat, eine Empfehlung haben *wollen*, weil sie sich hilflos fühlen, wohl auch eine moralische und psychische Entlastung erwarten angesichts schwieriger Entscheidungskonflikte (»Der Berater hat auch gemeint, so ist es besser«). Darüber hinaus ist es aber auch für die Berater selbst keineswegs leicht, sich und die eigenen Gefühle ganz draußen zu halten, vor allem, wenn sehr deutlich zu sein scheint, was für alle Beteiligten wohl das Beste ist. Wie eine Beraterin im Interview sagte: »Es ist oft schwer für die Berater, wertfrei zu sein. Oh, ich weiß schon, ich soll wertfrei sein. Aber wenn man dann eine Mutter sieht, die von der Fürsorge abhängig ist, das dritte Kind erwartet, und der Mann unterstützt sie nicht, und das Kind hat dann noch Sichelzellen-Anämie, dann ist es schon schwer, sie nicht in Richtung Abtreibung zu steuern. Da denke ich mir, sie hat doch schon Probleme genug.«[32] An diesen Worten wird deutlich, wie jede Beratung einen Eingriff in die Lebensgeschichte des Klienten bedeutet und wie die Persönlichkeit des Beraters dabei nicht unbeteiligt bleiben kann. Pointiert auf eine Formel gebracht: »Die Vorstellung eines ›ethisch neutralen‹ Beraters in der Medizin ist ein Fossil aus positivistischer Zeit naiver Wissenschaftsideale.«[33]

5. Die Veränderung des Menschen- und Weltbildes

Mit der immer weiter reichenden Analyse des menschlichen Genoms wächst dem Menschen zunehmend eine Schöpferrolle in bezug auf seine eigene Natur zu. Seine biologische Ausstattung wird entscheidungsoffen, wird planbar, machbar, korrigierbar. Damit stellt sich unabweisbar die Frage nach dem Bauplan: Was darf bleiben, so wie es ist? Was bedarf der Korrektur? Welche Defekte sind tolerierbar, welche nicht? Was soll verbessert werden und in welche Richtung?

Mit solchen Fragen, die in der Logik der Gentechnologie angelegt sind, wird menschliches Leben zum Ausgangsmaterial für lenkende Eingriffe unterschiedlicher Art (Korrektur, Therapie, vorausschauende Planung, gegebenenfalls auch »Vermeidung« durch Schwangerschaftsabbruch). Solche Eingriffe können zweifellos Leiden aufheben oder zumindest mildern. Aber in vielen kleinen Schritten, die im einzelnen immer wieder plausibel erscheinen, bahnen sie auch den Weg für eine instrumentelle Vernunft, die aus sich heraus keine Grenzen mehr kennt. Eine neue Einstellung gegenüber menschlichem Leben bahnt sich an: Der Wert des Lebens wird relativ, und zwar relativ allein in bezug auf sein genetisches Substrat (so z. B. bei der Pränatal- und insbesondere bei der Präimplantationsdiagnostik). Im Extremfall wird Leben dann zum Wegwerfmaterial (verbrauchende Embryonenforschung; Embryonensplitting) oder zum Ersatzteillager: wenn Kinder gezeugt werden, um die genetisch benötigte Substanz für ein erkranktes Familienmitglied bereitzustellen – und gegebenenfalls per Schwangerschaftsabbruch wieder beseitigt werden, falls sie sich unter diesem Gesichtspunkt als »nicht brauchbar« erweisen.

Zur Illustration folgende Fallskizze: Eine Familie hat ein zehnjähriges geliebtes Kind, das an einer schweren Anämieform (Fanconi-Anämie) leidet und das sich bereits in einem lebensbedrohlichen Stadium dieser aplastischen Anämie befindet, weil das Knochenmark keine Blutzellen mehr produzieren kann. Eine Schwester ist gesund, kommt jedoch nicht als Knochenmarkspender in Frage, weil ihre Zellen im Organismus der Kranken nicht akzeptiert würden. Die Mutter entschließt sich zu einer neuen Schwangerschaft und fordert jetzt von den Fachleuten:
 Erstens soll das Kind keine Fanconi-Anämie haben. (Es besteht ein 25prozentiges Risiko für die Wiederholung. Eine Chromosomenbruchanalyse im kindlichen Material kann die Krankheit bestätigen oder ausschließen.) Zweitens soll das Kind ein Junge sein, weil sie bereits zwei Mädchen hat; bei der Chromosomenanalyse würden die Geschlechtschromosomen ohnehin erkennbar sein. Drittens soll dieser Junge als Knochenmarkspender in Frage kommen. Das bedeutet, daß seine Knochenmarkzellen vom Organismus der kranken Schwester nicht abgestoßen würden.
 Die Mutter ist zu einem Schwangerschaftsabbruch entschlossen, wenn diese Forderungen nicht erfüllt werden können. Deshalb wird eine Chorionbiopsie gemacht. Die Chromosomenuntersuchung zeigt, daß es ein gesunder, nicht-anämiekranker Junge wird, der aber nicht Knochenmarkspender sein kann. Die Familie akzeptiert das Kind, weil es ein Junge ist. Die Frau wird wieder schwanger, diesmal ist es ein gesundes Mädchen, das aber ebenfalls nicht als Knochenmarkspenderin in Frage kommen kann. Es wird abgetrieben. Die Frau wird erneut schwanger... Die Geschichte läßt sich beliebig fortsetzen.[34]

Diese genetische Bastelmentalität bahnt gleichzeitig den Weg für eine Stigmatisierung und Aussonderung derjenigen, deren »genetisches Material« deutliche Defekte aufweist. Wo die Chromosomenanomalie immer mehr in den Blickpunkt rückt, wo Behinderung zunehmend als Panne, ja als Irrtum der Natur definiert wird, da kann dies auch die Situation jener nicht unberührt lassen, die Träger einer Behinderung sind. Zu erwarten ist zunächst einmal, daß unterderhand die Einstellung gegenüber Behinderten sich verändert, daß Toleranz und Akzeptanz zurückgehen, daß Kategorien von »wrongful life« sich festzusetzen beginnen (im öffentlichen Bewußtsein, im Rechtssystem, im Versicherungswesen). Darüber hinaus verändert sich wahrscheinlich auch die soziale Definition von Behinderung, ihr soziales Etikett: Behinderung gilt allmählich nicht mehr als schicksalhafte Belastung, sondern als *vermeidbares und zu vermeidendes Ereignis*. Die Handlungschancen, die die Gentechnologie eröffnet, schlagen dann in Handlungspflichten um; und dies (jedenfalls in der Bundesrepublik) nicht über gesetzliche Vorschriften, sondern über die schleichende Erosion und Verschiebung in Werthaltungen, Einstellungen, Erwartungen. Eine Entwicklungslinie etwa folgender Art kann entstehen: Werdende Eltern erfahren von seiten der Umwelt einen wachsenden Druck, doch ja von den Angeboten der pränatalen Diagnostik Gebrauch zu machen, und werden, so sie dies nicht tun, in offenen oder verdeckten Formen abgestempelt als irrational, suspekt, ja verantwortungslos. Dies trifft erst recht Eltern, die sich bewußt dafür entscheiden, auch ein behindertes Kind auszutragen; sie werden von der Umwelt weniger Verständnis, weniger – dringend benötigte – Unterstützung erfahren. Und es trifft ebenso Eltern, die gar nicht zu den Risikogruppen zählen, deshalb auch keine entsprechenden Tests vornehmen lassen – und am Ende dennoch ein behindertes Kind bekommen; oder solche, bei denen die Behinderung des Kindes nicht genetisch bedingt ist, sondern während oder nach der Geburt entstand. Wo auch immer die tatsächlichen Ursachen der Behinderung liegen, für die soziale Situation ist entscheidend, daß im öffentlichen Bewußtsein wahrscheinlich eine Assoziationskette entsteht: Behinderung – genetisch bedingt – also vermeidbar – also »selber schuld«.

Auf dem Weg zum biologischen Reduktionismus?

In der Summe solcher Veränderungen kann ein neues Menschen- und Weltbild entstehen, das den Menschen ganz über seine biologischen Anlagen definiert. Exemplarisch dafür etwa folgender Satz, mit dem der Genetiker MÜLLER-HILL die gendiagnostische Zukunft beschreibt: »Die Verschiedenheit der Menschen, die sich jetzt nur in ihrem Tun enthüllt, kann sich dann in... ihrer DNA enthüllen. Das Sein der Philosophen verwandelt sich in DNA.«[35] Dies läuft hinaus auf einen biologischen Reduktionismus, der alles am Menschen – alle Fähigkeiten und Unfähigkeiten, alle Leiden und alle Leistungen, alle Denk- und Verhaltensweisen – aus den genetischen Anlagen ableitet. Darin angelegt ist insbesondere auch eine Einengung des pluralistischen Verständnisses von Krankheit, die völlig ausblendet, was hier an sozialen, an Umweltbedingungen existiert. So werden schon Alkoholismus, Vergewaltigung, Spielsucht auf genetische Dispositionen gebracht – so als müßte man hier gar nicht mehr fragen nach frühen Kindheitserfahrungen, nach Krisenerlebnissen, nach aktuellen Auslösern wie Arbeitslosigkeit oder Scheidung.

Ein solcher biologischer Reduktionismus ist in der Genomanalyse sicher nicht zwangsläufig angelegt. Aber er ist ihr auch keineswegs fern, wie Äußerungen prominenter Genetiker zeigen. Und auch wenn er wissenschaftstheoretisch sich als nicht haltbar erweist, so hat er doch Folgen. So lautet einer der berühmtesten Sätze der Soziologie, das sogenannte THOMAS-Theorem: »What men define as real is real in its consequences.« Wo ein biologischer Reduktionismus aufkommt, bleibt er nicht nur Theorie, sondern enthält auch ein Praxiskonzept: Er enthält direkte Vorgaben für politisches Handeln. Wo man von der determinierenden Kraft der Gene ausgeht, verlieren z. B. die Ansprüche auf Chancengleichheit im Bildungssystem an Durchsetzungskraft. Wo früher soziale Reformen notwendig schienen, kann man jetzt auf die genetische Verbesserung der Anlagen setzen. Kurz, die Gefahr des biologischen Reduktionismus liegt darin, daß statt nach sozialen allein nach technischen Lösungen gesucht wird. Exemplarisch für dieses Denken sind z. B. die Sätze des Genetikers JULIAN HUXLEY: »Wenn wir irgendwelche größeren Fortschritte in nationaler und internationaler Leistungsfähigkeit erzielen wollen, genügt es sicherlich nicht, an sozialen und politischen Symptomen herumzudoktern, die weltpolitische Maschinerie zu flicken,... auch nicht das Bildungssystem zu verbessern, sondern wir müssen immer stärker dazu übergehen, das genetische Niveau der geistigen und praktischen Fähigkeiten des Menschen zu heben.«[36]

Die Utopie der leidensfreien Gesellschaft

Die in der Humangenetik tätigen Ärzte erleben immer wieder Menschen, die enorme Belastungen tragen müssen. Manche Menschen können diese Belastung annehmen und daran wachsen[37], andere zerbrechen daran. Da nun der ärztliche Auftrag lautet, Leiden zu beheben oder zumindest zu mindern, so ist es von daher durchaus verständlich, wenn die Ärzte bemüht sind, zur Vermeidung genetisch bedingten Leids beizutragen. Auf dem Weg der Gentechnik führt dies freilich hinein in eine Sogwirkung der beschriebenen Art, wo es primär darum geht, die Instrumente der gentechnologischen Diagnostik immer weiter auszubauen und zu benutzen. Die Konsequenz dieser Entwicklung ist, daß immer stärker ein technisch verkürztes Weltbild sich durchsetzt, das nicht mehr den Menschen in seiner leib-seelischen Gesamtheit sieht, sondern nur noch als Träger potentieller »Defekte«. Mit diesem Weltbild wird Krankheit per se als negativ definiert, als zerstörendes, Schrecken einflößendes und deshalb in jedem Fall zu vermeidendes Ereignis.

Andere Kulturen kannten (und kennen zum Teil heute noch) einen anderen Umgang mit Krankheit, mit Leiden.[38] Krankheiten, so schrieb etwa vor 200 Jahren NOVALIS, »sind Lehrjahre der Lebenskunst und der Gemütsbildung«. Der romantische Dichter besaß ebensowenig wie BEETHOVEN, HÖLDERLIN, KAFKA, SCHILLER und so fort eine unerschütterliche Gesundheit. Er, der mit knapp 29 Jahren an Schwindsucht starb, wußte wohl, daß »Schmerz versteinern« kann, aber auch: »Wer den Schmerz flieht, will nicht mehr lieben.«

Die Frage ist nicht, ob Behinderung mit Schmerz und Leiden verknüpft ist. Dies ist unleugbar der Fall. Die Frage ist vielmehr, ob der technische Umgang mit Behinderung der richtige ist und wohin die ständige Ausweitung der gendiagnostischen Verfahren uns führt. Hier sollten wir uns vielleicht an einige Sätze erinnern, die der peruanische Dichter VARGAS LLOSA schrieb. Was er in bezug auf die Politik formulierte, mag nicht weniger für die moderne, hochtechnologisch gerüstete Medizin Geltung haben. »Daß man mit den besten Absichten der Welt und um den Preis grenzenlosen Opfermuts soviel Schaden anrichten kann, ist eine Lektion, die mir stets gegenwärtig ist«, schreibt VARGAS LLOSA. »Sie hat mich gelehrt, wie schmal der Grat ist, der das Gute vom Bösen trennt, welche Vorsicht not tut, um... die sozialen Probleme zu lösen, wenn man vermeiden will, daß die Mittel größeren Schaden anrichten als die Krankheit.«[39] Für die Dilemmata, die die Gentechnologie produziert, hat sie keine Lösungen parat. Sie werden weitergeschoben an Politik und Gesellschaft, erst recht an die vielen einzelnen, die Frauen und Männer, die schauen müssen, wie sie in ihrer privaten Lebensgeschichte damit zurechtkommen können – oder eben auch nicht. Wenn die Probleme, die hier entstehen, sich als nicht eingrenzbar, nicht beherrschbar erweisen, dann wäre dies – so der ehemalige Präsident des Bundesverfassungsgerichts, ERNST BENDA – »die Zerstörung der Menschenwürde unter der Fahne der Humanität«.[40]

Anmerkungen

I. Zur Einleitung ein Interview

1 Die Methode des realistischen Konstruktivismus ist in keinem sozialwissenschaftlichen Lehrbuch zu finden. Sie stellt vielmehr ein Original dar: Ich habe sie speziell für die Zwecke dieser Einleitung entwickelt. Um sie nicht nackt dieser Welt zu präsentieren und die Spielregeln des wissenschaftlichen Anstands nicht zu verletzen (vielleicht gar in der Hoffnung, hier neue Schulen zu gründen?), habe ich mich sogleich um angemessene Etikettierungen bemüht:
Ich bezeichne diese Methode als *Konstruktivismus*, weil ihr kein Interview zugrunde liegt, das in dieser Form – als Frage-und-Antwort-Spiel zwischen zwei Personen, an einem bestimmten Ort, zu einer bestimmten Zeit – je stattgefunden hat. *Realistisch* wiederum nenne ich diese Methode, weil sie kein Phantasiespiel darstellt, sondern gezielt Fragen aufnimmt und aneinanderreiht, die mir von vielen Personen, an vielen Orten, bei vielen Gelegenheiten immer wieder gestellt wurden: bei Podiumsdiskussionen und Kommissionssitzungen, in Seminaren und privaten Gesprächen; von Kollegen und Studenten, von Politikern, Freunden, Bekannten, von Natur- und Sozialwissenschaftlern. So betrachtet ist dies Interview keine freie Erfindung, sondern im Gegenteil: eine konzentrierte Wiedergabe der Realität.

II. Ein sozialwissenschaftlicher Blick auf die Technik

1 DAELE 1985, S. 11f
2 POSTMAN 1988, S. 11
3 KOLLEK u. a. 1986, Umschlagblatt
4 DAELE 1987, S. 42
5 Aus einem Interview mit NORBERT ELIAS, zit. in Süddeutsche Zeitung, 3.8.1990
6 BECK/BONSS 1989, S. 24
7 In der Berufsforschung heißt dies die »doppelte Zweckstruktur« beruflicher Arbeit. Siehe BECK/BRATER/DAHEIM 1980, Kapitel VIII; konkret zu den Ambitionen der Genforscher GREFFRATH 1990
8 Z. B. JÜRGENSEN 1990
9 Solche Fälle sind leider nicht in den medizinischen Lehrbüchern zu finden. Folgende Fallschilderung verdanke ich einer mündlichen Mitteilung von TRAUTE SCHROEDER-KURTH: Ein Ehepaar kam in die genetische Beratung, um eine pränatale Diagnose durchführen zu lassen. Da sie bereits eine Tochter mit Albino-Anomalie hatten, sollte die prä-

natale Diagnose zeigen, ob auch bei der jetzigen Schwangerschaft mit einer solchen Anomalie zu rechnen sei. Im Lauf der weiteren Beratung stellte sich freilich heraus, daß der Mann bereits eine neue Partnerin hatte und sich von seiner Ehefrau trennen wollte. Er wünschte nun die pränatale Diagnose, um – bei Feststellung eines genetischen Defekts – ein »objektives« Argument geliefert zu bekommen und die Frau zum Schwangerschaftsabbruch zu bringen.

10 SCHROEDER-KURTH 1988b, S. 42
11 METTLER-MEIBOM 1990, S. 61

III. Von der Pille zum Retortenbaby

1 Dieses Kapitel ist in wesentlichen Teilen eine erweiterte und aktualisierte Fassung des Aufsatzes »Von der Pille zum Retortenbaby: Neue Handlungsmöglichkeiten, neue Handlungszwänge im Bereich des generativen Verhaltens«, erschienen in LÜSCHER u. a. 1988
2 Siehe z. B. BRÄUTIGAM / METTLER 1985, S. 51, S. 66, S. 105, S. 129
3 Ebd., S. 112
4 Ebd., S. 144
5 DAELE 1986, S. 151
6 JONAS 1985, S. 11
7 BECK 1986, S. 335f; Hervorhebung original
8 STÄNDIGE DEPUTATION DES DEUTSCHEN JURISTENTAGES 1987
9 WEINGART 1988, S. 16
10 NSIAH-JEFFERSON / HALL 1989
11 FREVERT 1985
12 DAELE 1988; JORDAN / IRWIN 1989; POLAND 1989; Newsweek, 24. 9. 1990
13 NSIAH-JEFFERSON / HALL 1989, S. 104
14 DAELE 1986, S. 161
15 JONAS 1985, S. 22; Hervorhebung original
16 Ebd., S. 19f
17 AMENDT 1986, S. 27; Hervorhebung EBG
18 SPIELMANN / VOGEL 1989; WIESING 1989
19 »Die gegenwärtige IVF-Forschung konzentriert sich auf die Eindämmung der Unfruchtbarkeit, aber sie wird sich künftig wahrscheinlich mehr mit der Frühdiagnose und Verhütung von genetischen Anomalien befassen.« So ANNE MCLAREN beim 5. Weltkongreß über In-vitro-Fertilisation und Embryonentransfer in Norfolk, USA 1987, zit. nach KLEIN 1989, S. 253
20 KURT SEMM, Direktor der Frauenklinik Kiel und Leiter des Kieler Embryo-Transfer-Teams, bei einem Vortrag in der Hermann-Ehlers-Akademie Kiel am 5. März 1985. Zitiert bei IDEL 1986, S. 62f

21 So ARTHUR LEVIN 1978, zit. bei COREA 1986b, S. 124
22 FRIEDERICH 1985
23 COREA 1986a, S. 24
24 DAELE 1986, S. 152
25 JONAS 1985, S. 44 und S. 51f
26 ARDITTI u. a. 1985, S. 12
27 SAUL ROSENZWEIG/STUART ADELMANN 1976
28 KEETON 1986, S. 213
29 COREA 1986b, S. 150ff
30 BENTLEY GLASS 1970 bei seiner Abschiedsrede als Präsident der einflußreichen amerikanischen Förderungsorganisation AAAS, zit. nach LÖW 1985, S. 179
31 HELFFERICH 1983, S. 94
32 BECK-GERNSHEIM 1988
33 LAER 1986, S. 60
34 HÄUSSLER 1983, S. 65
35 ROTHMAN 1985, S. 23; Hervorhebung original
36 Ebd., S. 23–25
37 DAVIS 1983, S. 210
38 PFEFFER/WOOLLETT 1983
39 Erfahrungsberichte aus ebd., S. 38
40 BRÄUTIGAM/METTLER 1985, S. 54–68, ergänzt durch SPIELMANN/VOGEL 1989, S. 39
41 Zusammenfassend SPIELMANN/VOGEL 1989; WIESING 1989
42 BRÄUTIGAM/METTLER 1985, S. 65
43 PFEFFER/WOOLLETT 1983
44 TESTART 1988, S. 18–20
45 ROTHMAN 1985, S. 28
46 Ebd., S. 29
47 RÄUTIGAM/METTLER 1985, S. 52
48 KURT SEMM, zit. nach IDEL 1986, S. 63
49 Zit. bei SOLOMON 1988, S. 43

IV. Vom Kinderwunsch zum Wunschkind

1 Dieses Kapitel ist eine überarbeitete und erweiterte Fassung des Aufsatzes »Zukunft der Lebensformen«, erschienen in HESSE u. a. 1988
2 Diese historische Entwicklung wird ausführlich dargestellt in BECK-GERNSHEIM 1988, 1989
3 FLITNER 1982, S. 21
4 Ebd.
5 KAUFMANN u. a. 1984, S. 10
6 MC CALL'S, Juli 1984, S. 126

7 PAPANEK 1979
8 BECK 1979, S. 1
9 ARIÈS 1978, S. 560
10 KAUFMANN u. a. 1982, S. 530
11 HENTIG 1978, S. 34
12 Siehe z. B. STATISTISCHES BUNDESAMT 1987, S. 22
13 BRÄUTIGAM/METTLER 1985
14 DAELE 1985a
15 Zit. bei ROTH 1987, S. 100f
16 LÖW 1985, S. 179
17 Siehe z. B. JONAS 1985; DAELE 1985a
18 FRIEDERICH 1985
19 RENVOIZE 1985
20 DAELE 1986, S. 157
21 Interview mit JEREMY RIFKIN in: natur, Heft 9/1987, S. 54
22 BUNDESMINISTER DER JUSTIZ 1987, S. 34
23 COREA 1986b, S. 297
24 MICHAL 1989, S. 103
25 Zit. nach COREA 1985, S. 44
26 DAELE 1985a, S. 141
27 NEFFE 1989, S. 112
28 COREA 1989, S. 67
29 DAELE 1985a, S. 45f
30 Siehe z. B. COREA 1989, S. 67; Der Spiegel, Nr. 15/1987, S. 253
31 Zit. nach COREA 1986b, S. 24
32 ROTHSCHILD 1988
33 SCHROEDER-KURTH 1988a, S. 182f
34 TESTART 1988, S. 23f
35 DAELE 1985b, S. 52
36 RIFKIN 1987, S. 77f
37 DAELE 1985b, S. 51f
38 ROTHSCHILD 1988
39 RIFKIN 1987, S. 77
40 Siehe Abschnitt »Unkontrollierte Durchsetzung oder: Medizin als Subpolitik«
41 BERND GUGGENBERGER in: Frankfurter Allgemeine Zeitung, 4. 3. 1989
42 BECK 1986, 1988; DAELE 1987
43 TESTART 1988
44 STAUBER 1985
45 PETERSEN 1985, S. 56

V. Normalisierungspfade und Akzeptanzkonstruktionen

1 BERND GUGGENBERGER in: Frankfurter Allgemeine Zeitung, 4. 3. 1989
2 PETERSEN 1987, S. 140
3 DAVIES-OSTERKAMP 1990
4 BECK 1986, S. 295
5 SPIELMANN/VOGEL 1989, S. 53
6 TESTART 1988, S. 37
7 BECK 1988, S. 52f
8 DAELE 1989a, S. 205f
9 KONRAD ADAM in: Frankfurter Allgemeine Zeitung, 3. 11. 1989
10 DAELE 1986, S. 164
11 ERNST WINNACKER in: Frankfurter Allgemeine Zeitung, 8. 2. 1989
12 MICHELMANN/METTLER 1987, S. 43
13 ERICH SALING, einer der führenden deutschen Gynäkologen, zit. nach SCHINDELE 1990
14 DAELE 1989a, S. 208
15 BECK 1988, S. 41
16 MICHELMANN/METTLER 1987, S. 43
17 DAELE 1989a, S. 212
18 Ebd., S. 212f
19 ILLICH 1979, S. 14
20 ARTHUR LEVIN, zit. nach COREA 1986b, S. 124
21 CARL WOOD und PETER SINGER, zit. nach COREA/WIT 1989, S. 162
22 BRÄUTIGAM/METTLER 1985, S. 135f
23 »Nach verschiedenen Studien wird zwar von 10–20% Erfolgen gesprochen, doch diese Zahlen beziehen sich in der Regel auf transferierte Embryonen mit nachfolgender Schwangerschaft. Die alles entscheidende Erfolgsquote für die Frauen, nämlich die Geburt eines Kindes, liegt bei genauer Betrachtung der Ergebnisse deutlich niedriger... Die Diskrepanz zwischen den angegebenen Erfolgszahlen und den tatsächlich geborenen Kindern liegt in einer Bezugnahme auf die verschiedenen Arbeitsschritte begründet. Nicht bei allen Frauen werden befruchtungsfähige Eier gefunden, und nicht in allen Fällen gelingt eine Befruchtung im Reagenzglas und der Embryonentransfer. Hinzu kommt, daß nur 50–70% der Schwangerschaften zu der Geburt eines Kindes führen. Das liegt zum einen an der Zahl der sogenannten hormonellen Schwangerschaften, die nur an einem kurzen Anstieg des HCG-Hormons erkannt werden und zu einer normalen Regelblutung führen. Ob es sich dabei tatsächlich um ›Schwangerschaften‹ handelt, ist umstritten... Zum anderen liegt die Zahl der Eileiterschwangerschaften und Fehlgeburten mit knapp 40% höher als bei einer normalen Schwangerschaft« (WIESING 1989, S. 69f). Siehe auch COREA 1988, S. 90f

24 WIESING 1989, S. 72
25 KLEIN 1989
26 BACH 1986, S. 28 f
27 WEINGART 1989 b, S. 189 f
28 Siehe Kapitel II
29 ERNST WINNACKER in: Frankfurter Allgemeine Zeitung, 8. 2. 1989
30 BRÄUTIGAM/METTLER 1985, S. 139
31 LAU 1989, S. 419
32 Ebd., S. 433
33 HUBERT MARKL 1989, hektographiertes Manuskript, S. 41
34 Ebd., S. 41
35 Zit. nach Frankfurter Rundschau, 24. 3. 1990
36 BRÄUTIGAM/METTLER 1985, S. 142–144
37 Zit. nach COREA 1986 a, S. 25, und dies. 1989, S. 63
38 »Ich frage mich manchmal: Warum eigentlich soll ein Ehepaar nicht einen Vierzeller abgeben dürfen, damit daraus Knochenmarkszellen gezüchtet werden? Diese könnte man nämlich zur Heilung von Blutkrebs einsetzen.« Interview mit LISELOTTE METTLER, in: Der Spiegel, Nr. 3/1986, S. 171
39 MONIKA LANZ-ZUMSTEIN in: RECHTSAUSSCHUSS-SEKRETARIAT DES DEUTSCHEN BUNDESTAGS 1990, S. 98
40 WERNER SCHMID in: Neue Zürcher Zeitung, 20. 1. 1988, siehe unten S. 106
41 Zit. nach DAELE 1986, S. 156
42 MARKL 1989, S. 35
43 HOHLFELD 1989, S. 240
44 So DR. POPVIC, Geschäftsführer der Hessischen Landesärztekammer, bei einer öffentlichen Anhörung der SPD im Hessischen Landtag. Zit. nach ZIPFEL 1989, S. 152
45 So die amerikanische Fertilitätsgesellschaft in ihrem Ethikbericht, zit. nach COREA 1989. S. 68
46 MICHAEL JOYCE, zit. nach Die Zeit, Nr. 19/4. 5. 1990, S. 18
47 SPIELMANN/VOGEL 1989, S. 43
48 Hektographierte Tischvorlage für den Arbeitskreis Genforschung, Bonn 1989, S. 2
49 MATHIAS GREFFRATH in: Die Zeit, 6. 10. 1989
50 KONRAD ADAM in: Frankfurter Allgemeine Zeitung, 8. 2. 1989
51 BECK 1986, S. 82
52 Ebd., S. 372 f
53 Ebd., S. 372

VI. Schöne neue Gesundheit

1 MERGNER u. a. 1990, S. 18
2 ROHDE 1974, S. 130
3 ROTHMAN 1988
4 WERNER SCHMID in: Neue Zürcher Zeitung, 20. 1. 1988
5 SCHROEDER-KURTH 1988a, S. 182
6 Ebd., S. 187
7 JÖRG SCHMIDTKE in: Süddeutsche Zeitung, 9. 8. 1990
8 KRANEN 1989, S. 69 und S. 71
9 Diese Fallgeschichte ist – zum großen Teil wörtlich – übernommen aus ASENDORPF 1989, S. 79–82
10 Anzeigenserie der Deutschen Chemischen Industrie, März/April 1990, in großen Zeitungen (z. B. Süddeutsche Zeitung)
11 SCHROEDER-KURTH 1989b, S. 202
12 Ebd.
13 FUHRMANN 1989, S. 14
14 JÖRG SCHMIDTKE in: Süddeutsche Zeitung, 9. 8. 1990
15 DAELE 1985a
16 Ders. 1989b, S. 222f
17 BECK 1988, S. 57
18 DAELE 1989b, S. 211
19 FURMAN-SEABORG 1987
20 DAELE 1988, S. 207
21 BECK 1986, S. 216f
22 DAELE 1989b, S. 208
23 BRÄUTIGAM/METTLER 1985, S. 138
24 SCHINDELE 1990, S. 64
25 Ebd.,
26 Ebd., S. 65f
27 Ebd., S. 66
28 BERG 1988, S. 45
29 CHRISTA FONATSCH in einem Interview, bild der wissenschaft, Heft 7/1986, S. 56
30 BUNDESMINISTERIUM FÜR JUGEND, FAMILIE UND GESUNDHEIT 1979
31 WALTHER VOGEL in: REIF 1990, Vorwort ohne Seitenangabe
32 RAPP 1988, S. 154
33 RITSCHL 1989, S. 136. Zur Problematik der non-direktiven Beratung siehe auch DAELE 1986, S. 155f; DAELE 1989b, S.221; ROTHMAN 1988, S. 40ff
34 Diese Fallskizze verdanke ich – zum großen Teil wörtlich – TRAUTE SCHROEDER-KURTH (aus einem Brief vom 11. 8. 1987)
35 MÜLLER-HILL 1989, S. 8. Ähnlich auch JAMES WATSON: »Früher glaubten wir, unser Schicksal läge in den Sternen. Jetzt wissen

wir, daß es größtenteils in unseren Genen liegt.« In: Time, 20. 3. 1989, S. 65
36 JULIAN HUXLEY, zit. nach JEREMY RIFKIN 1987, S. 85
37 Siehe NIPPERT 1988
38 ILLICH 1981
39 VARGAS LLOSA 1988, S. 25
40 ERNST BENDA bei seiner Antrittsvorlesung in Freiburg 1984, zit. nach Süddeutsche Zeitung, 13./14./15. 5. 1989

Literaturverzeichnis

AMENDT, GERHARD: Der neue Klapperstorch. Über künstliche Befruchtung, Samenspender, Leihmütter, Retortenzeugung. Herbstein 1986
ARDITTI, RITA/KLEIN, RENATE DUELLI/MINDEN, SHELLEY: Einleitung. In: Dies. (Hg.): Retortenmütter. Frauen in den Labors der Menschenzüchter. Reinbek 1985, S. 7–13
ARIÈS, PHILIPPE: Geschichte der Kindheit. München 1978
ASENDORPF, JENS: Die Brisanz der Genomanalyse. In: Heidi Bohnet-von der Thüsen (Hg.): Denkanstöße '90. Ein Lesebuch aus Philosophie, Natur- und Humanwissenschaften. München 1989, S. 79–83

BACH, ROLF P.: Gekaufte Kinder. Babyhandel mit der Dritten Welt. Reinbek 1986
BECK, JOAN: How to Raise a Brighter Child. Fontana Books 1979
BECK, ULRICH: Risikogesellschaft. Auf dem Weg in eine andere Moderne. Frankfurt 1986
– ders.: Gegengifte. Die organisierte Unverantwortlichkeit. Frankfurt 1988
– ders./BONSS, WOLFGANG: Verwissenschaftlichung ohne Aufklärung? In: Dies: (Hg.): Weder Sozialtechnologie noch Aufklärung? Analysen zur Verwendung sozialwissenschaftlichen Wissens. Frankfurt 1989, S. 7–45
– ders./BRATER, MICHAEL/DAHEIM, HANSJÜRGEN: Soziologie der Arbeit und der Berufe. Grundlagen, Problemfelder, Forschungsergebnisse. Reinbek 1980
BECK-GERNSHEIM, ELISABETH: Die Kinderfrage. Frauen zwischen Kinderwunsch und Unabhängigkeit. München 1988
– dies.: Mutterwerden – der Sprung in ein anderes Leben. Frankfurt 1989
BERG, DIETRICH: Schwangerschaftsberatung und Perinatologie. Stuttgart 1988
BRÄUTIGAM, HANS HARALD/METTLER, LISELOTTE: Die programmierte Vererbung. Möglichkeiten und Gefahren der Gentechnologie. Hamburg 1985
BUNDESMINISTER DER JUSTIZ (Hg.): Der Umgang mit dem Leben. Fortpflanzungsmedizin und Recht. Bonn 1987
BUNDESMINISTERIUM FÜR JUGEND, FAMILIE UND GESUNDHEIT (Hg.): Genetische Beratung. Ein Modellversuch der Bundesregierung in Frankfurt und Marburg. Bonn 1979

COREA, GENA: The reproductive brothel. In: Dies. u. a.: Man-Made Women. How new reproductive technologies affect women. Hutchinson: London 1985

COREA, GENA: Die Zukunft unserer Welt. In: Frauen gegen Gentechnik und Reproduktionstechnik. Dokumentation zum Kongreß vom 19.–21. 4. 1985 in Bonn. Köln 1986, S. 22–26 (1986a)
- dies.: MutterMaschine. Reproduktionstechnologien – von der künstlichen Befruchtung zur künstlichen Gebärmutter. Berlin 1986 (1986b)
- dies.: What the King Can Not See. In: Elaine Hoffman Baruch u. a. (Hg.): Embryos, Ethics, and Women's Rights. Exploring the New Reproductive Technologies. Harrington Park Press: New York 1988, S. 77–93
- dies.: Industrialisierung der Reproduktion. In: Paula Bradish u. a. (Hg.): Frauen gegen Gen- und Reproduktionstechnologien. Beiträge vom 2. bundesweiten Kongreß Frankfurt, 28.–30. 10. 1988. München 1989, S. 63–70
- dies./WIT, CYNTHIA DE: Current developments and issues: a summary. In: Reproductive and Genetic Engineering. Band 2/Heft 2, 1989, S. 143–182

DAELE, WOLFGANG VAN DEN: Mensch nach Maß? Ethische Probleme der Genmanipulation und Gentherapie. München 1985 (1985a)
- ders.: Eugenik im Angebot. In: Kursbuch Nr. 80, Begabung und Erziehung. Mai 1985, S. 41–54 (1985b)
- ders.: Technische Dynamik und gesellschaftliche Moral. Zur soziologischen Bedeutung der Gentechnologie. In: Soziale Welt, Heft 2/3, 1986, S. 149–172
- ders.: Politische Steuerung, faule Kompromisse, Zivilisationskritik. Zu den Funktionen der Enquetekommission »Gentechnologie« des Deutschen Bundestages. In: Forum Wissenschaft, Heft 1/1987, S. 40–45
- ders.: Der Fötus als Subjekt und die Autonomie der Frau. Wissenschaftlich-technische Optionen und soziale Kontrollen in der Schwangerschaft. In: Uta Gerhardt/Yvonne Schütze (Hg.): Frauensituation. Veränderungen in den letzten zwanzig Jahren. Frankfurt 1988, S. 189–215
- ders.: Kulturelle Bedingungen der Technikkontrolle durch regulative Politik. In: Peter Weingart (Hg.): Technik als sozialer Prozeß. Frankfurt 1989, S. 197–230
- ders.: Das zähe Leben des präventiven Zwangs. In: Alexander Schuller/Nikolaus Heim (Hg.): Der codierte Leib. Zur Zukunft der genetischen Vergangenheit. Zürich 1989, S. 205–227

DAVIES-OSTERKAMP, SUSANNE: Sterilität als Krankheit? In: Wege zum Menschen. Heft 2/Februar, März 1990, S. 49–56

DAVIS, ANGELA: Women, race and class. New York: Random House 1983

FLITNER, ANDREAS: Konrad, sprach die Frau Mama... Über Erziehung und Nicht-Erziehung. Berlin 1982

FREVERT, UTE: »Fürsorgliche Belagerung«: Hygienebewegung und Arbeiterfrauen im 19. und frühen 20. Jahrhundert. In: Geschichte und Gesellschaft, 11. Jahrgang 1985/Heft 4, S. 420–446
FRIEDERICH, WOLFGANG: Samenbanken. Hintertür der Sterilisation. In: pro familia magazin, Nr. 3/1985, S. 22–24
FUHRMANN, WERNER: Genetische Beratung aus der Sicht eines Humangenetikers. In: Traute M. Schroeder-Kurth (Hg.): Medizinische Gentechnik in der Bundesrepublik Deutschland. Frankfurt 1989, S. 10–16
FURMAN-SEABORG, JOAN: The Fetus as Patient, the Woman as Incubator. Referat auf dem »Third International Interdisciplinary Congress on Women«, Dublin, Juli 1987 (hektographiertes Manuskript)

GREFFRATH, MATHIAS: Der lange Arm von Chromosom Nr. 7. Visionen und Ambitionen der Top-Genforscher. In: TransAtlantik Nr. 12/Dezember 1990, S. 14–28

HÄUSSLER, MONIKA: Von der Enthaltsamkeit zur verantwortungsbewußten Fortpflanzung. Über den unaufhaltsamen Aufstieg der Empfängnisverhütung und seine Folgen. In: Dies. u. a.: Bauchlandungen. Abtreibung – Sexualität – Kinderwunsch. München 1983, S. 58–73
HELFFERICH, CORNELIA: »Mich wird es schon nicht erwischen.« Risikoverhalten und magisches Denken bei der Verhütung. In: Monika Häussler u. a.: Bauchlandungen. Abtreibung – Sexualität – Kinderwunsch. München 1983, S. 74–109
HENTIG, HARTMUT VON: Vorwort. In: Philippe Ariès: Geschichte der Kindheit. München 1978, S. 7–44
HESSE, JENS JOACHIM u. a. (Hg.): Zukunftswissen und Bildungsperspektiven. Baden-Baden 1988
HOHLFELD, RAINER: Die zweite Schöpfung des Menschen – eine Kritik der Idee der biochemischen Verbesserung des Menschen. In: Alexander Schuller/Nikolaus Heim (Hg.): Der codierte Leib. Zur Zukunft der genetischen Vergangenheit. Zürich 1989, S. 228–248

IDEL, ANITA: Natur und Technik. In: Frauen gegen Gentechnik und Reproduktionstechnik. Dokumentation zum Kongreß vom 19.–21. 4. 1985 in Bonn. Köln 1986, S. 61–63
ILLICH, IVAN: Entmündigende Expertenherrschaft. In: Ivan Illich u. a.: Entmündigung durch Experten. Zur Kritik der Dienstleistungsberufe. Reinbek 1979, S. 7–35
– ders.: Die Nemesis der Medizin. Von den Grenzen des Gesundheitswesens. Reinbek 1981

JONAS, HANS: Technik, Medizin und Ethik. Zur Praxis des Prinzips Verantwortung. Frankfurt 1985

JORDAN, BRIGITTE/IRWIN, SUSAN L.: The Ultimate Failure: Court-Ordered Cesarean Section. In: Linda M. Whiteford/Marilyn L. Poland (Hg.): New Approaches to Human Reproduction. Social and Ethical Dimensions. Boulder und London: Westview Press 1989, S. 13–24

JÜRGENSEN, ORTRUN: Gedanken zur manipulierten Fruchtbarkeit. In: Wege zum Menschen. Heft 2/Februar, März 1990, S. 56–62

KAUFMANN, FRANZ X. u. a.: Familienentwicklung – generatives Verhalten im familialen Kontext. In: Zeitschrift für Bevölkerungswissenschaft, Heft 4/1982, S. 523–545

ders. u. a.: Familienentwicklung in Nordrhein-Westfalen. IBS-Materialien Nr. 17, Universität Bielefeld 1984

KEETON, KATHY: Woman of Tomorrow. New York: St. Martin's Press 1985

KLEIN, RENATE D. (Hg.): Das Geschäft mit der Hoffnung. Erfahrungen mit der Fortpflanzungsmedizin. Frauen berichten. Berlin 1989

KOLLEK, REGINE u. a. (Hg.): Die ungeklärten Gefahrenpotentiale der Gentechnologie. München 1986

KRANEN, KAI: Chorea Huntington. Das Recht auf Wissen versus das Recht auf Nicht-Wissen. In: Traute M. Schroeder-Kurth (Hg.): Medizinische Genetik in der Bundesrepublik Deutschland. Frankfurt 1989, S. 66–103

LAER, HERMANN VAN: Die demographische Entwicklung in der Bundesrepublik – Eine Bestandsaufnahme. In: Sozialwissenschaftliche Informationen, Jahrgang 15, Heft 1/1986, S. 58–66

LAU, CHRISTOPH: Risikodiskurse. Gesellschaftliche Auseinandersetzungen um die Definition von Risiken. In: Soziale Welt, Heft 3/1989, S. 418–436

LÖW, REINHARD: Leben aus dem Labor. Gentechnologie und Verantwortung – Biologie und Moral. München 1975

LÜSCHER, KURT u. a. (Hg.): Die »postmoderne« Familie. Familiale Strategien und Familienpolitik in einer Übergangszeit. Konstanz 1988

MARKL, HUBERT: Genetik und Ethik. Rede anläßlich der Verleihung des Arthur-Burkhardt-Preises 1989, Stuttgart, 26. 4. 1989 (hektographiertes Manuskript)

MERGNER, ULRICH u. a.: Gesundheit und Interesse. Zur Fremdbestimmung von Selbstbestimmung im Umgang mit Gesundheit. In: psychosozial, Heft II/1990, Schwerpunktthema: Gesundheit als gesellschaftlicher Zwang, S. 7–29

METTLER-MEIBOM, BARBARA: Mit High-Tech zurück in eine autoritäre politische Kultur? In: Essener Hochschulblätter. Ausgewählte Reden im Studienjahr 1988/89, Essen 1990

MICHAL, WOLFGANG: Der (un)heimliche Erguß. Samenspende und -übertragung. In: Geo Wissen, Nr. 1/Mai 1989, Sonderheft Sex – Geburt – Genetik, S. 102 f

MICHELMANN, HANS WILHELM/ METTLER, LISELOTTE: Die In-vitro-Fertilisation als Substitutionstherapie. In: Stephan Wehowsky (Hg.): Lebensbeginn und Menschenwürde. Frankfurt 1987, S. 43–51

MÜLLER-HILL, BENNO: Was sollten die Gentechniker aus der Geschichte der Humangenetik lernen? In: Biologie heute, Nr. 370, November/Dezember 1989, S. 6–8

NEFFE, JÜRGEN: Mein Bauch gehört dir. Leihmutter. In: Geo Wissen, Nr. 1/Mai 1989, Sonderheft Sex – Geburt – Genetik, S. 104–112

NIPPERT, IRMGARD: Die Geburt eines behinderten Kindes. Belastung und Bewältigung aus der Sicht betroffener Mütter und ihrer Familien. Stuttgart 1988

NSIAH-JEFFERSON, LAURA/HALL, ELAINE J.: Reproductive Technology: Perspectives and Implications for Low-Income Women and Women of Color. In: Kathryn Strother Ratcliff (Hg.): Healing Technology. Feminist Perspectives. Ann Arbor: The University of Michigan Press 1989, S. 93–117

PAPANEK, HANNA: Family Status Production: The »Work« and »Non-Work« of Women. In: Signs, Jahrgang 4/Heft 4, Sommer 1979, S. 775–781

PETERSEN, PETER: Sondervotum zum abschließenden Bericht der Arbeitsgruppe In-vitro-Fertilisation, Genomanalyse und Gentherapie. In: Der Bundesminister für Forschung und Technologie (Hg.): In-vitro-Fertilisation, Genomanalyse und Gentherapie. Bericht der gemeinsamen Arbeitsgruppe des Bundesministers für Forschung und Technologie und des Bundesministers der Justiz, München 1985, S. 55–65

– ders.: Psychosomatik und die vatikanische Instruktion. In: Stephan Wehowsky (Hg.): Lebensbeginn und Menschenwürde. Frankfurt 1987, S. 140–152

PFEFFER, NAOMI/WOOLLETT, ANNE: The Experience of Infertility. London 1983

POLAND, MARILYN L.: Ethical Issues in the Delivery of Quality Care to Pregnant Indigent Women. In: Linda M. Whiteford/Marilyn L. Poland (Hg.): New Approaches to Human Reproduction. Social and Ethical Dimensions. Boulder und London: Westview Press 1989, S. 42–50

POSTMAN, NEIL: Die Verweigerung der Hörigkeit. Frankfurt 1988

RAPP, RAYNA: Chromosomes and Communication: The Discourse of Genetic Counseling. In: Medical Anthropology Quarterly, Band 2/1988, S. 143–157

RECHTSAUSSCHUSS-SEKRETARIAT DES DEUTSCHEN BUNDESTAGS (Hg.): Zusammenstellung der Stellungnahmen zur öffentlichen Anhörung am 9. März 1990 zum Embryonenschutzgesetz, Bonn 1990 (hektographiertes Manuskript)

REIF, MARIA: Frühe Pränataldiagnostik und genetische Beratung. Psychosoziale und ethische Gesichtspunkte. Stuttgart 1990
RENVOIZE, JEAN: Going Solo. Single Mothers by Choice. London: Routledge & Kegan 1985
RIFKIN, JEREMY: Kritik der reinen Unvernunft. Reinbek 1987
RITSCHL, DIETRICH: Die Unschärfe ethischer Kriterien. Zur Suche nach Handlungsmaximen in genetischer Beratung und Reproduktionsmedizin. In: Traute M. Schroeder-Kurth (Hg.): Medizinische Genetik in der Bundesrepublik Deutschland. Frankfurt 1989, S. 129–150
ROHDE, JOHANN JÜRGEN: Soziologie des Krankenhauses. Stuttgart 1974
ROSENZWEIG, SAUL/ADELMAN, STUART: Parental determination of the sex of offspring: The attitudes of young married couples with university education. Journal of Biosocial Sciences, Jahrgang 8/1976, S. 335–346
ROTH, CLAUDIA: Hundert Jahre Eugenik: Gebärmutter im Fadenkreuz. In: Dies. (Hg.): Genzeit. Die Industrialisierung von Pflanze, Tier und Mensch. Ermittlungen in der Schweiz. Zürich 1987, S. 93–118
ROTHMAN, BARBARA KATZ: Die freie Entscheidung und ihre engen Grenzen. In: Rita Arditti u. a. (Hg.): Retortenmütter. Frauen in den Labors der Menschenzüchter. Reinbek 1985, S. 19–30
– dies.: The Tentative Pregnancy. Prenatal Diagnosis and the Future of Motherhood. London: Pandora Press 1988. Deutsche Ausgabe: Schwangerschaft auf Abruf. Marburg 1989
ROTHSCHILD, JOAN: Engineering Birth: Toward the Perfectability of Man? In: Steven L. Goldman (Hg.): Science, Technology, and social Progress. Lehig University Press 1988

SCHINDELE, EVA: Gläserne Gebär-Mutter. Vorgeburtliche Diagnostik – Fluch oder Segen. Frankfurt 1990
SCHROEDER-KURTH, TRAUTE: Pränatale Diagnostik. Probleme der Indikationsstellung und zukünftige Trends. In: Geistige Behinderung, Heft 3/1988, S. 180–189 (1988a)
– dies.: Vorgeburtliche Diagnostik. In: Dies./Stephan Wehowsky (Hg.): Das manipulierte Schicksal. Künstliche Befruchtung, Embryotransfer und pränatale Diagnostik. Frankfurt 1988, S. 29–45 (1988b)
– dies. (Hg.): Medizinische Genetik in der Bundesrepublik Deutschland. Frankfurt 1989 (1989a)
– dies.: Indikationen für die genetische Familienberatung. In: Ethik in der Medizin, Heft 1/1989
SOLOMON, ALICE: Integrating infertility crisis counselling into feminist practice. In: Reproductive and Genetic Engineering, Jahrgang 1/Heft 1, 1988, S. 41–49
SPIELMANN, HORST/VOGEL, RICHARD: Gegenwärtiger Stand und wissenschaftliche Probleme bei der In-vitro-Fertilisierung des Menschen. In:

Alexander Schuller/Nikolaus Heim (Hg.): Der codierte Leib. Zur Zukunft der genetischen Vergangenheit. Zürich 1989, S. 32–54

STÄNDIGE DEPUTATION DES DEUTSCHEN JURISTENTAGES (Hg.): Verhandlungen des 56. Deutschen Juristentages, Berlin 1986. München 1986

STATISTISCHES BUNDESAMT (Hg.): Von den zwanziger zu den achtziger Jahren. Ein Vergleich der Lebensverhältnisse der Menschen. Stuttgart 1987

STAUBER, MANFRED: Psychosomatische Aspekte der homologen und heterologen Insemination. Vortrag auf den 9. Fortbildungstagen für praktische Sexualmedizin, Heidelberg, 13.–17. Juni 1985 (hektographiertes Manuskript)

TESTART, JACQUES: Das transparente Ei. München 1988

VARGAS LLOSA, MARIO: Gegen Wind und Wetter. Frankfurt 1988

WEINGART, PETER u. a.: Rasse, Blut und Gene. Geschichte der Eugenik und Rassenhygiene in Deutschland. Frankfurt 1988
- ders. (Hg.): Technik als sozialer Prozeß. Frankfurt 1989 (1989a)
- ders.: »Großtechnische Systeme« – ein Paradigma der Verknüpfung von Technikentwicklung und sozialem Wandel? In: Ders. (Hg.): Technik als sozialer Prozeß. Frankfurt 1989, S. 174–196 (1989b)

WIESING, URBAN: Ethik, Erfolg und Ehrlichkeit. Zur Problematik der In-vitro-Fertilisation. In: Ethik in der Medizin, Heft 1/1989, S. 66–82

ZIPFEL, GABY: Fortpflanzungsmedizin. Die künstliche Befruchtung weiblicher Identität. In: Kristine von Soden (Hg.): Mamma. Berlin 1989, S. 150–155

Die Frau in der Gesellschaft

Elisabeth
Beck-Gernsheim

Das halbierte Leben
Männerwelt Beruf –
Frauenwelt Familie
Band 3713

**Vom Geburtenrück-
gang zur Neuen
Mütterlichkeit?**
Band 3754

**Mutterwerden –
der Sprung in ein
anderes Leben**
Band 4731

Renate Berger (Hg.)
**Und ich sehe nichts,
nichts als die Malerei**
Autobiographische
Texte von
Künstlerinnen des
18.-20. Jahrhunderts
Band 3722

Gisela Breitling
Der verborgene Eros
Weiblichkeit und
Männlichkeit im Zerr-
spiegel der Künste
Band 4740

Gisela Breitling
**Die Spuren des Schiffs
in den Wellen**
Eine autobiographische
Suche nach den Frauen
in der Kunstgeschichte
Band 3780

Gisela
Brinker-Gabler (Hg.)
**Deutsche Dichterinnen
vom 16. Jahrhundert
bis zur Gegenwart**
Gedichte und Lebensläufe
Band 3701

Susan Brownmiller
Gegen unseren Willen
Vergewaltigung und
Männerherrschaft
Band 3712

Weiblichkeit
Band 4703

Eva Dane / Renate
Schmidt (Hg.)
**Frauen & Männer
und Pornographie**
Ansichten –
Absichten – Einsichten
Band 10149

Andrea Dworkin
Pornogaphie
Männer beherrschen
Frauen. Band 4730

Richard Fester /
Marie E.P. König /
Doris F. Jonas /
A. David Jonas
Weib und Macht
Fünf Millionen Jahre
Urgeschichte der Frau
Band 3716

Shulamith Firestone
**Frauenbefreiung und
sexuelle Revolution**
Band 4701

Karin Flothmann /
Jochen Dilling
**Vergewaltigung:
Erfahrungen danach**
Band 3781

Sylvia Fraser
Meines Vaters Haus
Geschichte eines Inzests
Band 4751

Fischer Taschenbuch Verlag

fi 14 / 13 a

Die Frau in der Gesellschaft

Nancy Friday
**Wie meine Mutter
My Mother my self**
Band 3726

Signe Hammer
Töchter und Mütter
Über die Schwierigkeiten einer Beziehung
Band 3705

Nancy M. Henley
Körperstrategien
Geschlecht, Macht und nonverbale Kommunikation
Band 4716

Irmgard Hülsemann
Ihm zuliebe?
Abschied vom weiblichen Gehorsam
Band 10407

Monika Jonas
**Behinderte Kinder –
behinderte Mütter?**
Die Unzumutbarkeit einer sozial arrangierten Abhängigkeit
Band 4756

Linda Leonard
Töchter und Väter
Heilung einer verletzten Beziehung
Band 4745

Harriet Goldhor Lerner
Wohin mit meiner Wut?
Neue Beziehungsmuster für Frauen
Band 4735

Jean Baker Miller
**Die Stärke
weiblicher Schwäche**
Band 3709

Margarete Mitscherlich
Die friedfertige Frau
Eine psychoanalytische Untersuchung zur Aggression der Geschlechter
Band 4702

Penelope Shuttle /
Peter Redgrove
**Die weise Wunde
Menstruation**
Band 3728

Uta van Steen
**Macht war mir
nie wichtig**
Gespräche mit Journalistinnen
Band 4715

Ingrid Strobl
**»Sag nie, du gehst
den letzten Weg«**
Frauen im bewaffneten Widerstand gegen den Faschismus. Band 4752

Gerda Szepansky
**»Blitzmädel«,
»Heldenmutter«,
»Kriegerwitwe«**
Frauenleben im Zweiten Weltkrieg
Band 3700

**Frauen leisten
Widerstand: 1933–1945**
Band 3741

Hanne Tügel / Michael
Heilemann (Hg.)
**Frauen verändern
Vergewaltiger**
Band 3795

Fischer Taschenbuch Verlag

Die Frau in der Gesellschaft

Gerhard Amendt
Die bevormundete Frau oder Die Macht der Frauenärzte
Band 3769

Dagmar Bielstein
Von verrückten Frauen
Notizen aus der Psychiatrie
Band 10261

Margrit Brückner
Die Liebe der Frauen
Über Weiblichkeit und Mißhandlung
Band 4708

Gena Corea
MutterMaschine
Band 4713

Colette Dowling
Der Cinderella-Komplex
Die heimliche Angst der Frauen vor der Unabhängigkeit
Band 3068

**Uta Enders-Dragässer /
Claudia Fuchs (Hg.)
Frauensache Schule**
Aus dem deutschen Schulalltag: Erfahrungen, Analysen, Alternativen
Band 4733

Marianne Grabrucker
»Typisch Mädchen ...«
Prägung in den ersten drei Lebensjahren
Band 3770

Vom Abenteuer der Geburt
Die letzten Landhebammen erzählen
Band 4746

**Michaela Huber /
Inge Rehling
Dein ist mein halbes Herz**
Was Freundinnen einander bedeuten
Band 4727

**Helge Kotthoff (Hg.)
Das Gelächter der Geschlechter**
Band 4709

**Ellen Kuzwayo
Mein Leben**
Frauen gegen Apartheid
Band 4720

**Katja Leyrer
Hilfe! Mein Sohn wird ein Macker**
Band 4748

**Astrid Matthiae
Vom pfiffigen Peter und der faden Anna**
Zum kleinen Unterschied im Bilderbuch
Band 3768

Fischer Taschenbuch Verlag

fi 15 / 7 a